Littérature interculturelle en Europe

Documents pour l'Histoire des Francophonies / Europes

Vol. 61

Les dernières décennies du xxe siècle ont été caractérisées par l'émergence et la reconnaissance en tant que telles des littératures francophones. Ce processus ouvre le devenir du français à une pluralité dont il s'agit de se donner, désormais, les moyens d'approche et de compréhension. Cela implique la prise en compte des historicités de ces différentes cultures et littératures.

Dans cette optique, la collection « Documents pour l'Histoire des Francophonies » entend mettre à la disposition du chercheur et du public des études critiques qui touchent à la complexité comme aux enracinements historiques des Francophonies sous forme de monographies, d'analyses de phénomènes de groupe ou de réseaux thématiques. Elle cherche en outre à tracer des pistes de réflexion transversales susceptibles de tirer de leur ghetto respectif les études francophones, voire d'avancer dans la problématique des rapports entre langue et littérature. Elle comporte une série consacrée aux Europes, une autre aux Afriques, une aux Amériques, et une aux problèmes théoriques des Francophonies.

La collection s'inscrit dans les perspectives transversales et transfrontalières de l'Association européenne des études francophones (AEEF) dont elle a publié les actes de plusieurs grands colloques internationaux. Elle est dirigée par Marc Quaghebeur.

AEEF (AISBL)
24 Rue de Monnel
B - 7500 Tournai, Belgique
https://etudesfrancophones.wordpress.com/

Margarita Alfaro, Beatriz Mangada et Ana Belén Soto (dir.)

Littérature interculturelle en Europe

*Nouvelles perspectives : migration,
écriture féminine et autofiction*

PETER LANG

Bruxelles - Berlin - Chennai - Lausanne - New York - Oxford

Information bibliographique publiée par Die Deutsche Nationalbibliothek.
Die Deutsche Nationalbibliothek répertorie cette publication dans la Deutsche
Nationalbibliografie ; les données bibliographiques détaillées sont disponibles
sur le site http://dnb.d-nb.de.

Ce travail s'inscrit dans le cadre des objectifs du projet de recherche I+D+i
PID2019-104520GB-I00 du ministère espagnol de Science, Innovation et
Universités, ainsi que dans le cadre du projet I+D+i SP3/PJI/2021-00521
financé par la Communauté de Madrid et l'Université Autonome de Madrid.

Illustration de couverture : © Christian Rolet (détail), collection privée,
photographie Alice Piemme / AML.

ISSN 379-4108
ISBN 978-2-87574-910-9 (Print)
E-ISBN 978-3-0343-4882-9 (ePDF)
E-ISBN 978-3-0343-4883-6 (ePUB)
DOI 10.3726/b21681
D/2024/5678/07

© 2024 Peter Lang Group AG, Lausanne
Publié par Peter Lang Éditions Scientifiques Internationales - P.I.E., Bruxelles,
Belgique
info@peterlang.com http://www.peterlang.com/

Tous droits réservés.
Cette publication, toutes parties incluses, est protégée par le droit d'auteur.
Toute utilisation sans l'autorisation de la maison d'édition, en dehors des
limites strictes de la loi sur le droit d'auteur, est passible de poursuites. Ceci
s'applique en particulier aux reproductions, traductions, microfilms, ainsi
qu'au stockage et au traitement dans des systèmes d'extraction électroniques.

Cette publication a fait l'objet d'une évaluation par les pairs.

Sommaire

Avant-propos 9

Présentation L'Europe : carrefour interculturel 13
    Margarita Alfaro, Beatriz Mangada et Ana Belén Soto

Partie I L'Europe : vers une cartographie littéraire interculturelle

Chapitre 1 **De la migration comme thème romanesque** 27
    Jean-Marc Moura

Chapitre 2 **La solidarité : *Les Victorieuses* de Laetitia Colombani** 41
    Margarita Alfaro

Partie II Maghreb et Afrique

Chapitre 3 **L'écriture-femme et l'autofiction dans Assia Djebar** 59
    Maria Spiridopoulou

Chapitre 4 **Léonora Miano: identité afropéenne et écriture de soi** 71
    Vassiliki Lalagianni

Chapitre 5 **Léonora Miano, de la migrance à l'identité afropéenne** 87
    Arzu Etensel Ildem

Chapitre 6 *La Voix rebelle* **de Fatoumata Fathy Sidibé** 101

VICENTE E. MONTES NOGALES

Partie III Moyen et Extrême-Orient

Chapitre 7 **L'écriture engagée de Delphine Minoui** 119

BEATRIZ MANGADA

Chapitre 8 **Retour et identité dans *L'imprudence* de Loo Hui Phang** 137

DIEGO MUÑOZ

Chapitre 9 **Centre et périphérie dans *Pour que je m'aime encore*** 153

ANA BELÉN SOTO

Notices bio-bibliographiques 173

Avant-propos

Depuis le début des années 2000, les littératures de langue française « venues d'ailleurs » ont fait l'objet de nombreuses études. Si les corpus d'étude ont été diversement constitués, scindés parfois entre auteurs dits allophones et auteurs dits postcoloniaux, les approches théoriques ont, elles aussi, varié au gré des études sur les écritures migrantes, les littératures transnationales, les xénographies, l'exiliance, la migrance, autant de concepts convoqués pour se pencher sur les poétiques, les esthétiques de la différence et de l'écart, sur les notions d'entre-deux culturels et linguistiques, sur les positionnements de ces littératures dans le champ littéraire français au travers de leur intégration sociale et esthétique, etc.

Issues principalement des travaux du groupe de recherche ELITE (Plurilinguisme et Littérature Transculturelle en Europe), auquel l'on doit déjà de nombreux travaux sur les xénographies francophones, les contributions réunies ici inscrivent les littératures de la migration dans la perspective plus vaste de l'interculturel. Émanant de chercheurs espagnols, français, grecs et turcs qui prennent délibérément le parti de se pencher sur l'« *entre* » plus que sur l'*écart*, elles offrent une perspective critique elle aussi interculturelle et abordent la question de l'écriture de la migration tantôt à travers l'étude des poétiques à l'œuvre, tantôt à partir des motifs et des positionnements sociaux qu'ils véhiculent, mettant plus que jamais en évidence la conjonction voire l'interdépendance des poétiques et des enjeux sociaux.

Le choix de cet élargissement au concept plus vaste des littératures interculturelles se justifie au demeurant pleinement, tant le fait migratoire – ce passage si souvent abordé en terme parfois réducteur de déterritorialisation –, mais aussi ses motivations et ses origines géographiques, se sont modifiées depuis quelques années. Si jusqu'à la fin du vingtième siècle, une grande partie de ces textes était encore majoritairement marquée par l'expérience de l'exil politique d'un côté et de réactions postcoloniales de l'autre, les littératures interculturelles, de nos jours, sont d'origines plus variées, issues de motivations plurielles et sortent de tout schéma dichotomique. Cette nouvelle diversité appelle ainsi d'autres problématiques et discours, reposant moins sur l'opposition des blocs politiques et les formes de totalitarisme devant lesquelles on a fui, que sur la variété des expériences dans un contexte mondialisé, où les raisons de la migration, tenant tout autant à des facteurs familiaux ou personnels qu'à des contraintes collectives (oppressions politiques et religieuses) se sont diversifiées. Par ailleurs, le lent affaiblissement du *writing back* postcolonial, la banalisation de l'utilisation de la langue française et sa dissociation de plus en plus marquée de l'héritage colonial, rapproche les diverses productions qu'il est désormais plus aisé d'aborder au sein d'un même corpus dans des perspectives transversales, le corpus dit postcolonial ne s'opposant plus radicalement au *writing in* des auteurs allophones.

Les formes et les motifs ont donc considérablement évolué, comme en témoigne par exemple l'émergence, à la suite de *L'Ignorance* de Milan Kundera en 2000, du thème du retour, qui lorsqu'il est politiquement envisageable, est rendu impossible par le phénomène de la double acculturation ; ou l'amplification du motif de l'altérité intérieure, conçue tout à la fois comme une richesse culturelle mais aussi une source de marginalisation et de discrimination. Le recours à l'interculturel permet en effet d'intégrer les écrits des descendants de la migration, corpus toujours plus vaste et constitutif de la littérature française, à l'instar des littératures afropéennes, mais paradoxalement toujours objet de périphérisation sociale et symbolique dans une société minée par toutes sortes de fractures et de dérives identitaires.

La prise de parole féminine, son esthétique et sa thématisation dans ces littératures interculturelles, qui constitue la ligne directrice de ce volume collectif, ici déclinée à travers toute une série d'études de cas, participe pleinement de ces évolutions récemment mises en évidence dans diverses études. Dans le contexte français, marqué par la lenteur de la réception des *subaltern studies* et la réticence face aux perspectives intersectionnelles, les voix féminines ici évoquées viennent illustrer la complexité des structures oppressives et des déterminations culturelles auxquelles elles se heurtent. À défaut d'être acceptée comme modèle théorique, l'évocation de ces structures de domination s'invite dès lors dans le champ français par le biais de la représentation romanesque ou autofictionnelle, où elle trouve un accueil très favorable. Il est vrai que ces textes confirment cette image que l'Europe, et singulièrement la France, aime à contempler dans le miroir qu'ils lui tendent : celui d'un espace de liberté de parole, de geste et d'écriture pour les femmes, en particulier originaires du Sud global ou de l'espace défini comme oriental.

Le corpus ici présenté, qui traduit une aspiration réelle de nombreuses autrices à une liberté d'expression dans un espace démocratique, révèle aussi, et ce n'est pas là le moindre paradoxe ni le moindre point d'achoppement, le défaut d'hospitalité de nos sociétés. Déconstruisant les vieux fantasmes européens tels que véhiculés par l'exotisme ou l'orientalisme, elles invalident ou tout au moins relativisent aussi la vision narcissique et idéalisée d'une France de la liberté qui s'opposerait terme à terme aux espaces d'oppression. Soulignant le poids des dynamiques internes de périphérisation et des fractures françaises, ces littératures de l'espoir sont aussi des expressions de la désillusion et du malaise. Étudiant les difficultés du passage du statut d'objet de la représentation fantasmée à celle de sujet fragmenté de la prise de parole autofictionnelle, les contributions illustrent exemplairement la complexité de se dire lorsqu'on est femme venue d'ailleurs ou identifiée comme telle dans le champ français, et dévoile les ressources de l'autofiction, conçue comme un medium privilégié permettant à la femme de se dire. Entre voilement et dévoilement d'un sujet fracturé qui se cherche dans une écriture de la mémoire – et l'on retrouve en cela la double stratégie de la voix féminine djebarienne –, ces écritures de la délinéarisation et du corps, si « cixoussiennement » féminines, inaugurent les formes d'un nouvel engagement ou pour reprendre la terminologie récemment proposée par Justine Huppe, les modalités de nouvelles « littératures embarquées ».

Entretenant un doute sur la part de référentiel et de fictionnel, elles sont en effet d'autant plus prisées par le lectorat qu'elles peuvent être lues comme des témoignages et au-delà de leur élaboration esthétique, être perçues voire réduites à des prises de position sociales. Le grand mérite des études ici présentées est assurément d'éclairer leurs poétiques et de sortir ces textes de la tentation d'une interprétation étriquée et parcellaire, en nous invitant à aborder ces littératures de la fragilité, mais surtout de la résilience, à travers leur littérarité. Face aux délitements et vertiges du monde (écologiques, politiques, sociaux, religieux, etc.), elles nous invitent surtout à aborder les multiples facettes, politiques, sociales, culturelles et esthétiques d'une question qui s'apprête à devenir l'un des défis majeurs des prochaines décennies et qui sera assurément longtemps encore au cœur d'une très brûlante actualité.

Véronique Porra (Johannes Gutenberg Universität Mainz)

Présentation
L'Europe : carrefour interculturel

MARGARITA ALFARO, BEATRIZ MANGADA ET
ANA BELÉN SOTO
Université Autonome de Madrid

Les frontières géopolitiques sont devenues aujourd'hui un espace de transit composé, en outre, des éclats de vie d'ici et d'ailleurs. De ce fait, nous constatons l'existence d'une nouvelle conception socioculturelle et politique qui se profile à partir des apports de ces nouveaux agents de la mobilité transnationale (Héran, 2018). Parler cependant de migration au sens large impose de s'attarder sur une multiplicité d'aspects mis en lumière aussi bien par les individus migrants que par les sociétés d'accueil (Badie, Brauman, Decaux, Devin et Wihtol, 2008). C'est pourquoi nous avons décidé de circonscrire notre analyse[1] à un corpus littéraire inscrit sur le sol européen, devenu, par ailleurs, un espace privilégié d'accueil depuis la fin du XXe siècle (Mathis-Moser et Mertz-Baumgrtner, 2012). Notons au passage que cette évolution favorise la mixité sociale dans l'Europe contemporaine, également modifiée en fonction des caractéristiques inhérentes au déplacement migratoire du point de vue temporel, suivant les différentes époques où les circonstances des individus déplacés et de la société d'accueil ont évolué ainsi que les cadres législatifs. Il convient alors de constater la manière dont le territoire européen est devenu une destination migratoire de choix au tournant du XXIe siècle, notamment pour un collectif au féminin venu d'ailleurs qui enrichit les

---

[1] Ce travail s'inscrit dans le cadre des objectifs du projet de recherche I+D+i PID2019-104520GB-I00 du ministère espagnol de Science, Innovation et Universités, ainsi que dans le cadre du projet I+D+i SP3/PJI/2021-00521 financé par la Communauté de Madrid et l'Université Autonome de Madrid.

contextes nationaux en faveur du tissu interculturel (Agier, 2016, 2018). En effet, ces individus aux identités multiples contribuent au développement socioculturel ainsi qu'identitaire des sociétés qu'ils habitent, et qu'ils ont habitées.

L'évolution du paradigme sociétal ébauchée par ces individus en déplacement transnational s'exprime également dans la mosaïque littéraire. Une nouvelle géo-poétique se dessine : nous assistons à la construction d'un champ littéraire transnational en Europe où le lecteur se transforme en spectateur d'une géographie singulière de l'histoire de l'Europe. Nous constatons de même une transformation des genres traditionnels, des thèmes et de la texture linguistique où l'autofiction dessine la carte de l'existence. Le narrateur, d'après Milan Kundera, « n'est ni un historien, ni un prophète mais un explorateur de l'existence » (*apud* Alfaro, 2013–2014, p. 1260).

C'est alors dans ce contexte que l'espace de création littéraire devient le témoin privilégié de l'émergence des problématiques en contextes d'interculturalité et nous invite à penser la manière de dire le social dans le roman contemporain (Bouju, 2002 ; Bisanswa et Kawahirehi, 2011). L'expérience de l'entre-deux devient ainsi un sujet de choix dans la projection scripturale de bon nombre d'écrivains dont les édifices littéraires se trouvent intimement liés aux vécus personnels (Bessière, 2011). Le seuil du XXIe siècle est ainsi devenu un terrain fertile de réflexion du point de vue littéraire, où de nombreux scientifiques se sont penchés sur le brassage terminologique et conceptuel de cette littérature interculturelle qui :

> Témoigne du surgissement d'un espace littéraire transnational qui rompt non seulement avec les canons traditionnels mais aussi avec des conceptions idéologiques enracinées dans des systèmes souvent obsolètes [...]. Par l'écriture, il s'agit de présenter une nouvelle réalité qui se forge au sein même d'une société désormais plurielle et qui s'inscrit dans un monde global. Un nouveau paradigme se profile ainsi dans une perspective dynamique et transversale. Il s'agit d'une littérature ectopique [...], écrite hors lieu et caractérisée par la construction d'une identité personnelle en rapport avec un projet existentiel qui peut renvoyer à une notion plurielle de l'ailleurs (Alfaro, Sawas et Soto, 2020, pp. 9–10).

La question qui s'est posée à la suite de l'émergence de cette littérature exocanonique reflète ainsi du domaine du classement : comment parler et faire parler de ces écrivains aux identités multiples qui ne s'inscrivent pas dans le domaine des littératures francophones canoniques ? Loin

Présentation *L'Europe : carrefour interculturel*

d'avoir une réponse concrète, nous ne pouvons que constater la manière dont l'évolution de la ligne de recherche développée depuis plus d'une quinzaine d'années dans le cadre du Groupe de Recherche ELITE (Plurilinguisme et Littérature Transculturelle en Europe) (Alfaro, 2008) – et dont la plupart des auteurs de cet ouvrage font partie – témoigne de cette évolution. Dans un premier temps, nous nous sommes attardés sur les littératures francophones (Beniamino, 1999 ; Combe, 1995 ; Moura, 1992, 1998, 1999) et la littérature interculturelle. Pour donner suite à cette ligne de recherche, considérant l'évolution du canon littéraire au tournant du XXIe siècle, nous nous sommes focalisés sur une réflexion intrinsèque à l'analyse des différents types de classements proposés par ces auteurs n'appartenant pas aux domaines des littératures francophones *stricto sensu*. Soulignons à ce sujet les travaux de Véronique Porra (2011) et Anne-Rosine Delbart (2005) autour de ces écrivains allophones d'expression française ou exilés du langage, mais aussi le concept de francographie (Bainbrigge, Charnley et Verdier, 2010), de littérature ectopique (Albaladejo, 2012) et de littérature-monde (Le Bris, Rouaud et Almassy, 2007). Si ces approches ont le mérite de mettre en lumière ces auteurs exocanoniques, nous pouvions apporter à ce brassage terminologique une nuance spécifique qui permettait de penser la mosaïque de création littéraire en termes d'inclusion et d'innovation sociale dans l'extrême contemporain.

C'est ainsi qu'à l'instar des réflexions proposées d'abord par Tzvetan Todorov (1989) et, par la suite, par François Jullien (2008, 2010, 2012), nous considérons que le terme de xénographies (Alfaro, 2013 ; Alfaro et Mangada, 2014 ; Alfaro, Sawas et Soto, 2020) nous semble le plus à même de traduire le parcours littéraire de ces auteurs qui constatent la manière dont l'Autre –entendu au sens large – esquisse un nouvel horizon qui invite aujourd'hui à penser le construit socioculturel et identitaire non plus en termes d'*écart*, mais sous le prisme de l'*entre*. Autrement dit, nous inscrivons notre réflexion dans cette perspective qui nous permet d'interpréter ce rapport du point de vue de l'intégration, de l'intercompréhension et de la coexistence. Le terme de xénographie présente, de plus, l'avantage de pouvoir être nuancé en fonction de l'adjectif qui l'accompagne. De ce fait, parler de xénographies francophones renvoie à cette notion inscrite dans la tradition littéraire des écritures en langue française qui expriment des traces du passé colonial. Parler, d'autre part, des xénographies permet également de rendre compte de l'évolution même de ce concept qui, forgé il y a une décennie, ne peut que tenir compte des nouveaux défis théoriques dont témoigne le canon de la littérature française. Il s'agit donc d'aborder l'étude de ce champ littéraire francophone et de sensibiliser les individus – mais aussi les institutions – de cette réalité hétérogène inhérente aux processus migratoires – volontaires ou forcés –, aux déplacements personnels – dans le court ou le long terme – et à cette notion plurielle de l'ailleurs dès une multiplicité de perspectives.

À ce stade de la réflexion, il convient de s'attarder également sur l'apport féminin que ce corpus évoque, car exilées, immigrées ou réfugiées, ces femmes trouvent sur le sol européen aussi bien un lieu de rencontre et d'hospitalité (Brincourt, 1997) qu'un terrain fertile du point de vue du développement personnel et artistique à la suite de leur capacité d'intégration dans la société d'accueil, d'une part, et de leur devoir de témoignage, d'autre part (Alfaro, Sawas et Soto, 2020). La contribution littéraire de ces femmes aux accents multiples met en exergue la projection sociohistorique de la littérature, vouée à une nouvelle compréhension marquée par l'ouverture, d'autant plus que, dans le contexte qui nous occupe, ces écrits présentent des espaces de rencontre et de dialogue propices à l'intercompréhension et à la tolérance (Alfaro, Mangada et Soto, 2022). Dans ce contexte, nous nous posons certaines questions auxquelles nous tenterons de donner réponse au fil des contributions : existe-t-il des caractéristiques de mise en écriture et de procédés autofictionnels qui innervent les différents ouvrages sélectionnés ? Les voix choisies sont-elles illustratives d'un nouveau paradigme esthétique situé au carrefour de l'interculturalité et d'une éthique cosmopolite nécessaires actuellement ? Sommes-nous face à des voix et des regards porteurs d'une vision critique envers nos sociétés ? (Cicchelli, 2016 ; Cortina, 2021 ; Montes Nogales et Ninanne, 2022).

L'objectif de cet ouvrage collectif est donc de souligner l'importance stratégique des contributions littéraires, dites *xénographies féminines*, qui dénoncent la discrimination, la marginalisation et l'intolérance, et qui à la fois favorisent l'inclusion, la visibilité, l'émancipation et la démarginalisation des femmes étrangères en Europe par le biais de la représentation littéraire où l'autofiction s'avère être une voie de manifestation de l'écriture de soi (Lejeune et Delange, 2017 ; Simonet-Tenant, 2017). En outre, il n'est peut-être pas anodin de rappeler que c'est à travers l'écriture autofictionnelle que les xénographies féminines s'inscrivent dans l'évolution du genre autobiographique (Lejeune 1975, 2014). En effet, nombreux sont les romanciers et romancières de l'extrême contemporain qui, influencés par les mécanismes de la mémoire, subliment l'expérience vécue à travers les procédés scripturaux. L'autofiction – néologisme « engendré [...] par [Doubrovsky] avant 1975 » (Grell, 2014, p. 8) – permet « de distinguer la sensibilité moderne de la sensibilité classique » (Jeannelle et Viollet, 2007, p. 65), ainsi que d'explorer et d'exposer « le sujet contemporain autrement » (Jeannelle et Viollet, 2007, p. 65). Il ne s'agit donc plus de penser l'espace littéraire biographique comme « un privilège réservé aux importants de ce monde au soir de leur vie et dans un beau style » (Gasparini, 2008, p. 15), mais de composer une mosaïque romanesque à partir des multiples tesselles, des vies fragmentées inscrites dans l'entre-deux : entre ici et ailleurs, entre la biographie et la fiction, entre la littérature et la sociologie.

En outre, les femmes qui composent notre corpus d'analyse se confrontent, d'abord, à leurs difficultés avec résilience (Cyrulnik, 2019), puis prennent la parole et, à ce propos, l'écriture leur permet de souligner l'interculturalité comme un défi incontournable (Alfaro et Mangada, 2014). Pour ce faire, ce recueil collectif, intitulé *Littérature interculturelle en Europe. Nouvelles perspectives : migration, écriture féminine et autofiction*, réunit les contributions des chercheurs d'un riche panorama universitaire en Espagne (Université Autonome de Madrid, Université d'Alcalá, Université d'Oviedo), France (Université Paris X-Nanterre), Grèce (Université du Péloponnèse et Université nationale et capodistrienne d'Athènes) et Turquie (Université d'Ankara), dont les travaux ainsi que les orientations dans la conception de l'entre-deux illustrent une nouvelle conception de la représentation littéraire à la frontière entre le vécu personnel, exprimée à travers l'autofiction et le discours de la revendication sociale, disons de l'engagement personnel et politique capable d'interroger les canons et les structures institutionnelles établis. Les contributions des chercheurs enrichissent la thématique de la mobilité des populations en tant que source d'inspiration pour les différents genres littéraires et sous des angles de représentation multiples et nous offrent une cartographie des littératures francophones ancrées sur des origines diverses : l'Europe, le Maghreb, l'Afrique ainsi que le Moyen et l'Extrême-Orient. L'ensemble d'études ici présenté s'avère être fort déterminant afin de découvrir et de montrer la pertinence des questions soulevées et qui dérivent, par ailleurs, de la nécessité de mettre en avant les problèmes les plus pressants de nos sociétés contemporaines.

En ouverture, la partie I intitulée « L'Europe : vers une cartographie littéraire interculturelle » réunit deux études conçues à ce sujet où se profilent l'évolution chronologique et les changements liés à la mobilité ayant l'Europe comme point de référence. Le chapitre 1 intitulé « De la migration comme thème romanesque » permet de circonscrire le contexte migratoire au cœur de cet ouvrage. Jean-Marc Moura introduit ainsi le lecteur dans les images de cette première interculturalité dans la mosaïque littéraire française parsemée, par ailleurs, d'écritures d'auteurs masculins. Conscient de la portée de son entreprise théorique au seuil de ce volume collectif, l'auteur évoque lors des premières phrases le décalage existant entre ses propos et l'enjeu phare de cet ouvrage. Il s'agit, toutefois, d'une contribution nécessaire en tant qu'elle permet de situer les antécédents littéraires des xénographies féminines. C'est alors dans ce contexte qu'il dessine une cartographie littéraire qui permet de situer les origines de cette fiction de témoignage où les imaginaires de la migration renvoient aussi bien aux conditions du départ qu'aux zones de migration, notamment l'espace accordé à la banlieue dans les ouvrages les plus représentatifs de l'époque qu'il contextualise. De ce fait, Moura affirme dans sa conclusion qu'« il reste évidemment beaucoup à dire sur la migration et la manière dont la littérature s'empare », d'autant plus que « les dernières vingt-cinq années ont vu doubler le nombre total de migrants ». L'apport analytique de Margarita Alfaro vient dès lors compléter ce tableau introductoire présenté par le francophoniste français. En effet, c'est à travers « le chapitre 2, « La solidarité : *Les Victorieuses* de Laetitia Colombani », que l'auteure met en lumière l'apport d'écritures au féminin dans le champ littéraire des xénographies de l'extrême contemporain. En d'autres termes, ce deuxième chapitre propose de penser le terme de xénographies au sens large. Dès lors, il s'agit ici de compléter l'introduction présentée dans le premier chapitre et de donner suite aux propos tenus lors de la conclusion et cités ci-dessus. De ce fait, Alfaro ébauche dans sa présentation les traces d'une réflexion qui met en avant les problématiques qui taraudent nos sociétés contemporaines telles que l'exclusion (Hessel, 2010) ou l'aporophobie (Cortina, 2017) sous le regard féminin. La diversité socioculturelle et le rapport à l'Autre deviennent ainsi les axes majeurs d'une réflexion qui rend visibles « les fractures sociales de nos sociétés européennes contemporaines », ainsi que l'importance d'accorder une place de choix aux approches socioculturelles sur la condition féminine. De même, il convient de souligner la manière dont l'édifice romanesque de Colombani devient un exemple paradigmatique du corpus appartenant aux xénographies féminines dans la mesure où l'auteure explore avec maîtrise la portée de la littérature en tant qu'élément contribuant à

Les deux parties qui suivent s'inscrivent donc dans cette volonté de donner la parole à l'écriture au féminin. Pour ce faire, l'Europe agit en noyau géographique commun aux deux volets d'analyse qui se focaliseront sur l'étude d'auteures de renom telles que Assia Djebar ou Léonora Miano, mais aussi d'autres, pour l'instant, moins étudiés telles que Delphine Minoui, Loo Hui ou Maryam Madjidi, pour ne citer que trois des auteures ici objets d'étude. C'est alors dans ce contexte que nous proposons d'abord de circonscrire les études à l'espace méditerranéen à travers une lecture focalisée sur les auteures d'origine maghrébine et africaine. Et, par la suite, les contributions proposées témoigneront de cet ailleurs oriental qu'évoquent l'Iran et le Laos.

Dans cet esprit, Maria Spiridopoulou ouvre le deuxième axe de notre étude (chapitre 3). L'auteure s'intéresse dans un premier temps à l'évolution du concept d'écriture-femme. Ce cadrage théorique s'avère nécessaire pour y inscrire la pratique autofictionnelle de l'écrivaine algérienne Assia Djebar que Maria Spiridopoulou se propose d'explorer. Pour ce faire, elle partira du roman *L'Amour, la fantasia* paru en 1985, pour continuer vers *Ombre sultane* publié en 1987 ; puis aboutir à son dernier roman *Nulle part dans la maison de mon père* qui date de 2007 où se confirme l'importance de l'autofiction comme pratique d'écriture libératrice chez Djebar. Ensuite, dans le chapitre 4, Vassiliki Lalagianni oriente son étude vers l'écrivaine d'origine camerounaise, Léonora Miano pour s'interroger sur la construction identitaire qui résulte de l'expérience d'un double l'exil, le réel auquel vient se superposer l'exil intérieur. L'étude proposée de *Stardust*, dernier roman de Miano, suggère une écriture d'intervention qui situe cette écrivaine au centre du débat politique et social sur les identités africaines et afrodescendantes. Pour ce faire, Miano met en place une pratique autofictionnelle particulière où la triple figure écrivaine-narratrice-protagoniste analyse à son tour les conditions sociales qui l'entourent. Arzu Etensel Ildem revient, elle aussi, sur Léonora Miano, dans le chapitre 5, mais cette fois-ci, pour étudier l'expérience migratoire sous une perspective générationnelle. Le regard est porté sur les personnages féminins qui parcourent la production romanesque de cette écrivaine. En s'attardant plus particulièrement aux romans *Afropean Soul, Tels des astres éteints* et *Blues pour Élise*, Etensel Ildem montre l'évolution identitaire des premières mères migrantes vers une identité dite *afropéenne*, observable chez les jeunes filles et femmes, de deuxième génération, nées à Paris et fières de leur nouvelle condition. Finalement, la contribution de Vicente Montes (chapitre 6) s'attelle à l'ouvrage *La Voix d'une rebelle* de Fatoumata Fathy Sidibé pour montrer qu'au-delà des souvenirs évoqués de son Mali natal, l'écrivaine a voulu décrire un monde complexe qu'elle connaît très bien et qu'elle essaie de changer. Le discours militant et politique s'impose dès lors pour prôner des valeurs fondamentales. C'est dans ce cadre que nous pouvons affirmer que cet axe d'étude explore l'évolution du paradigme littéraire à travers la contribution de ces auteures au cours des années contextualisées lors de l'introduction à ce volume. En effet, si Assia Djebar s'inscrit dans ces dernières décennies du siècle passé évoquées dans le premier chapitre, Miano, Diome et Sidibé évoquent l'évolution du panorama littéraire du point de vue de l'expérience migrante au seuil de ce XXIe siècle.

Le Moyen et l'Extrême-Orient occupent la dernière partie de ce volume. La contribution de Beatriz Mangada (chapitre 7) ouvre cette partie à travers l'analyse de la production fictionnelle de la journaliste française d'origine iranienne, Delphine Minoui. À partir d'une étude détaillée de ses deux derniers romans, *Je vous écris de Téhéran* et *Les passeurs de livres de Daraya*, Mangada s'attache à montrer l'importance que cette journaliste accorde à la valeur testimoniale de l'écriture pour dénoncer les atrocités de la guerre et des radicalismes religieux. L'analyse littéraire proposée souligne comment « le discours référentiel propre au journalisme jaillit dans la fiction à travers des enjeux énonciatifs qui déclenchent un pacte de lecture qui rapproche la fiction du témoignage journalistique ou le documentaire, d'où le concept de littérature de terrain proposé par Dominique Viart (2001, 2019) ». Les enjeux discursifs qui résultent de l'entremêlement entre autofiction et véracité journalistique rendent compte de nouvelles formes d'expression littéraire liées à la postmodernité. Ensuite, la contribution de Diego Muñoz (chapitre 8) se focalise sur le roman *L'imprudence* de l'écrivaine franco-laotienne Loo Hui Phang. Muñoz y aborde la thématique du retour et de la quête de soi comme double reconfiguration identitaire. La conclusion de son analyse met en lumière la manière dont l'acceptation de l'identité multiple de la protagoniste passe par la conquête de sa corporéité et de son âme hybrides. Il s'agit d'une réflexion d'autant plus innovatrice que cette jeune femme représentée dans l'univers autofictionnel comme exemple paradigmatique de femme eurasienne rompt avec les stéréotypes qui lui sont attribués, notamment en Europe occidentale. La protagoniste, en effet, est esquissée sous les traits d'une femme forte et déterminée qui décide de sa liberté sexuelle et fait de son premier espace habité – son corps – le noyau de sa vraie patrie. Comme précédemment mentionné, *L'imprudence* est un roman d'autofiction, où l'auteure réinterprète des éléments réels de sa propre vie pour les transformer en fiction. Pour clore ce volume collectif, Ana Belén Soto (chapitre 9) propose d'enrichir cette mosaïque littéraire sur le déplacement ontologique non seulement sous le prisme de la migration transnationale, mais aussi de la classe. C'est donc à travers l'analyse de *Pour que je m'aime encore* que Soto mettra en avant la manière dont Maryam Madjidi, au moyen de l'autofiction, expose dans son édifice romanesque les problèmes intrinsèques au déplacement géographique et transclasse. C'est pourquoi nous pouvons affirmer que, tout en s'inscrivant dans la projection contextuelle présentée lors de la première section de cet ouvrage, l'auteure rend visibles les questionnements identitaires des jeunes issus de la migration et vivant en milieu populaire. Autrement dit, la contribution qui clôt ce volume collectif met en avant la manière dont la banlieue, cette zone de migration – pour reprendre les propos de Moura – et située au cœur de l'analyse, offre un panorama sociodémographique qui, suivant la perspective abordée par Alfaro, permet de penser l'individu, ainsi que l'ensemble d'individus vivant aussi bien dans le centre que dans la périphérie. C'est une perspective innovante qui exprime l'évolution conceptuelle et expérimentale des concepts liés aux processus de déterritorialisation et de reterritorialisation à travers le tissu littéraire de l'extrême contemporain.

Références bibliographiques

Agier, M. (2016). *Les migrants et nous : comprendre Babel*. Paris : CNRS Éditions.

Agier, M. (2018). *L'étranger qui vient : repenser l'hospitalité*. Paris : Le Seuil.

Albaladejo, T. (2012). Literaturas europeas e interculturalidad. Dans M. Alfaro, Y. García et B. Mangada (dir.). *Paseos literarios por la Europa intercultural*. Madrid : Calambur, coll. « Ensayo », pp. 13–20.

Alfaro, M. (2008). Exil et création littéraire au sein de l'Europe contemporaine. Dans J. Ceccon et M. Lynch (dir.), *Latitudes : espaces transnationaux et imaginaires nomades en Europe*. Cergy-Pontoise : Université de Cergy-Pontoise, pp. 125–136.

Alfaro, M. (2013–2014). La construction d'un espace géopoétique francophone en Europe : l'expérience totalitaire et la représentation de l'exil. *Revista portuguesa de Literatura Comparada*, n° 17–18, vol. II. Lisboa : Dedalus, Ediciones Cosmos, pp. 1243–1260.

Alfaro, M. et Mangada, B. (dir.) (2014). *Atlas literario intercultural. Xenografías femeninas en Europa*. Madrid : Calambur, coll. « Ensayo ».

Alfaro, M., Sawas, S. et Soto, A. B. (dir.) (2020). *Xénographies féminines dans l'Europe d'aujourd'hui*. Bruxelles : Peter Lang.

Alfaro, M., Mangada, B. et Soto, A. B. (dir.) (2022). Écrivaines interculturelles francophones en Europe : regards créatifs, voix inclusives. *Çédille. Revista de estudios franceses*, n° 22, automne. https://www.ull.es/revistas/index.php/cedille/issue/view/192

Badie, B., Brauman, R., Decaux, E., Devin, G. et Wihtol, C. (2008). *Pour un autre regard sur les migrations : construire une gouvernance mondiale*. Paris : La Découverte.

Bainbrigge, S., Charnley, J. et Verdier, C. (dir.) (2010). *Francographies : identité et altérité dans les espaces francophones européens*. Bruxelles : Peter Lang, coll. « Belgian Francophone Library ».

Beniamino, M. (1999). *La francophonie littéraire : essai pour une théorie*. Paris : L'Harmattan.

Bessière, J. (dir.) (2011). *Littératures d'aujourd'hui : contemporain, innovation, partages culturels, politique, théorie littéraire*. Paris : Honoré Champion.

Bisanswa, J. K. et Kavwahirehi, K. (dir.) (2011). *Dire le social dans le roman francophone contemporain*. Paris : Honoré Champion.

Bouju, E. (2002). *Réinventer la littérature : démocratisation et modèles romanesques dans l'Espagne post-franquiste*. Toulouse : Presses universitaires du Mirail.

Brincourt, A. (1997). *Langue française, terre d'accueil*. Monaco : Éditions du Rocher.

Cicchelli, V. (2016). *Pluriel et commun : sociologie d'un monde cosmopolite*. Paris : Presses de Sciences Po.

Climent, V., Michavila, F. et Ripollés, M. (dir.) (2017). *Los males de la Europa social : buscando soluciones*. Madrid : Tecnos.

Cortina, A. (2017). *Aporofobia, el rechazo al pobre*. Barcelona : Paidós.

Cortina, A. (2021). *Ética cosmopolita*. Barcelona : Paidós.

Cyrulnik, B. (2019). *La nuit, j'écrirai des soleils*. Paris : Odile Jacob.

Combe, D. (1995). *Poétiques francophones*. Paris : Hachette.

Delbart, A.-R. (2005). *Les exilés du langage : un siècle d'écrivains français venus d'ailleurs (1919–2000)*. Limoges : Pulim.

Ducomte, J.-M. (2004). *L'Europe, le cheminement d'une idée*. Toulouse : Milan.

Gasparini, Ph. (2008). *Autofiction : une aventure du langage*. Paris : Le Seuil.

Gefen, A. (2017). *Réparer le monde : la littérature française face au XXIe siècle*. Paris : Corti.

Grell, I. (2014). *L'autofiction*. Paris : Armand Colin.

Héran, F. (2018). *Migrations et sociétés*. Paris : Collège de France, Fayard.

Hessel, S. (2010). *Indignez-vous !* Montpellier : Indigène.

Jeannelle, J.-L. et Viollet, C. (2007). *Genèse et autofiction*. Louvain-la-Neuve : Academia-Bruylant.

Jullien, F. (2008). *De l'universel, du commun et du dialogue entre les cultures*. Paris : Fayard.

Jullien, F. (2010). *Altérités. De l'altérité personnelle à l'altérité culturelle*. Paris : Gallimard, coll. « Folio essais ».

Jullien, F. (2012). *L'écart et l'entre. Leçon inaugurale de la Chaire sur l'altérité*. Paris : Galilée.

Le Bris, M., Rouaud, J. et Almassy, E. (2007). *Pour une littérature-monde*. Paris : Gallimard.

Lejeune, Ph. (2014). *L'autobiographie en France*. Paris : Armand Colin.

Lejeune, Ph. (1975). *Le pacte autobiographique*. Paris : Le Seuil, coll. « Poétique ».

Lejeune, A. et Delange, M. (2017). *La mémoire sans souvenir*. Paris : Odile Jacob.

Mathis-Moser, U. et Mertz-Baumgrtner, B. (2012). *Passages et ancrages en France. Dictionnaire des écrivains migrants de langue française (1981–2011)*. Paris : Honoré Champion.

Montes Nogales, V. et Ninanne, D. (2022). Figures de l'étranger à l'aune du cosmopolitisme. *Çédille, Revista de estudios franceses*, n° 21, printemps. https://www.ull.es/revistas/index.php/cedille/issue/view/192

Moura, J.-M. (1992). *L'image du tiers-monde dans le roman français contemporain*, Paris : Presses universitaires de France, coll. « Écriture ».

Moura, J.-M. (1998). *La Littérature des lointains : histoire de l'exotisme européen au XXe siècle*. Paris : Honoré Champion.

Moura, J.-M. (1999). *Littératures francophones et théorie postcoloniale*. Paris : Presses universitaires de France.

Porra, V. (2011). *Langue française, langue d'adoption : une littérature « invitée » entre création, stratégies et contraintes (1946–2000)*. New York : Georg Olms.

Simonet-Tenant, F. (dir.) (2017). *Dictionnaire de l'autobiographie. Écritures de soi de langue française*. Paris : Honoré Champion.

Todorov, T. (1989). *Nous et les autres : la réflexion française sur la diversité humaine*. Paris : Le Seuil.

Viart, D. (2001). Écrire au présent : l'esthétique contemporaine. Dans M. Touret (dir.), *Le temps des lettres : quelles périodisations pour l'histoire de la littérature française du XXe siècle ?* Rennes : Presses universitaires de Rennes, pp. 317–336. https://doi.org/10.4000/books.pur.33321

Viart, D. (2019). Les littératures de terrain. *Revue critique de fixxion française contemporaine*, n° 18, pp. 1–13. http://www.revue-critique-de-fixx ion-francaise-contemporaine.org/rcffc/article/view/fx18.20

Partie I

L'Europe : vers une cartographie littéraire interculturelle

Chapitre 1

De la migration comme thème romanesque

JEAN-MARC MOURA

Université Paris Nanterre. Institut Universitaire de France

Mon propos sera doublement décalé par rapport à l'objet de cet ouvrage, il ne concerne pas la littérature interculturelle mais les images de la possibilité première de l'interculturalité, la migration ; en outre, les représentations dominantes de ce phénomène, au moins dans l'espace français, se trouvent majoritairement dans des écritures non pas féminines mais dans celles d'auteurs masculins. Il convient donc que je m'en explique d'abord. Il me semble qu'avant même d'examiner les apanages d'une interculturalité littéraire et les formes afférentes de l'autofiction au féminin, il convient de revenir sur les conditions dans lesquelles celles-ci s'élaborent et sont reçues. Depuis la fin du XXe siècle, le territoire européen est en effet devenu un espace privilégié d'accueil, notamment pour un collectif au féminin venu d'ailleurs, mais une question première se pose alors : comment sont représentées ces migrations dans la littérature de langue française, à la fin du XXe siècle et au début du XXIe siècle ? C'est à cette interrogation initiale, d'une certaine manière fondatrice pour l'objet de cet ouvrage, que je tenterai de répondre brièvement. À cette fin, j'examinerai quelques œuvres importantes permettant d'envisager des projections sociales majeures concernant le phénomène migratoire venu du Sud et nourrissant ainsi une réflexion de et sur la société française contemporaine.

Le thème de la migration des espaces du Sud mondial vers la France a été maintes fois abordé par le roman français de ces cinquante dernières années (Moura, 1998, 2008). Je propose d'en présenter quelques éléments fictionnels, à partir de quatre œuvres déployant quatre perspectives différentes sur la migration entre le Maghreb ou un espace quelconque du Sud et la France.

Aujourd'hui, en un moment où les Nations unies redoutent que la Méditerranée ne devienne une mer de sang, à l'heure où les coupes budgétaires et les mesures restrictives se multiplient à l'encontre des navires de sauvetage des migrants, un état d'urgence chronique affecte la politique frontalière des pays occidentaux. Ces politiques de crise doivent être comprises dans le contexte du remodelage de la relation entre les puissances occidentales et leurs éternelles « arrière-cours ». L'objectif est à présent de tenir le danger à distance à tout prix, pour ne pas l'avoir sous les yeux ni à l'esprit (Andersson, 2019). Mais qu'en dit la littérature ? La question concerne le domaine des études sur la migration, « *migrant studies* », en développement accéléré depuis quelques années.

La thématique de la migration peut inspirer tous les genres littéraires. Je voudrais examiner quatre types de représentations : le témoignage fictif, deux types romanesques révélateurs de dynamismes imaginaires opposés, et enfin une thématique paradoxale, celle de la banlieue en France.

1. La Fiction du témoignage

La forme fictionnelle la plus manifeste est celle du « récit », dans lequel un personnage raconte l'histoire de sa migration du Maghreb vers la France. Tel est le cas du *Partage du monde* (1999) de Mustapha Kebir Ammi. Cet auteur algérien, né au Maroc, est parti lui aussi voyager et étudier en Europe et en Amérique, à l'âge de dix-huit ans. Il a vécu un temps à San Francisco puis a enseigné en région parisienne. Il s'est fait connaître en 1999 par un roman publié aux éditions de l'Aube, *Thagaste*, qui raconte le retour de saint Augustin dans son village natal en 388. En 2001, il poursuit cette évocation avec *Sur les pas de saint Augustin* (Presses de la Renaissance). Il consacre en 2004 un livre à *Abd-el-Kader* (Presses de la Renaissance), puis revient en 2006 à l'Antiquité romaine de l'Afrique avec *Apulée, mon éditrice et moi*, publié aux éditions de l'Aube[1].

Le Partage du monde est le récit à la première personne d'un orphelin marocain, Brahim. Il met en évidence les raisons pour lesquelles le personnage choisit d'émigrer et relate les épreuves qui le conduisent de Marrakech à Tanger, puis sa traversée du détroit de Gibraltar dans le conteneur d'un cargo et enfin sa vie désespérante de migrant sans papier

---

[1] Voir notamment Véronique Gély (2010).

ni relation en France. Il s'agit d'un témoignage fictif destiné à plaire et à instruire, selon le principe évoqué par l'un des personnages du récit :

> Ils sont friands, me dit-il, les riches de ce genre d'ouvrage. Ils raffolent des aventures pittoresques des pauvres. Ils aiment bien les lire. Ils préfèrent ça, les riches, aux romans qui racontent des histoires qui n'ont jamais eu lieu. Ils préfèrent les histoires vraies. (Ammi, 1999, p. 69)

Œuvre ancrée dans la veine réaliste à vocation clairement pédagogique. Il s'agit de témoigner de la complexité du phénomène migratoire, mais vécu « de l'intérieur ». Dans son ouvrage, Catherine Mazauric présente et analyse un tel type de récit à partir de l'Afrique (Mazauric, 2012). Mais la migration peut aussi être évoquée dans des narrations plus complexes, ouvrant à des imaginaires spécifiques.

2. Imaginaires de la migration

Tel est le cas de deux écrivains fort différents, J.M.G. Le Clézio, auteur notamment de *Désert* (1980) et de *Révolutions* (2003), couronné par le prix Nobel en 2008, et Jean Raspail, auteur du *Camp des Saints* (1973). Ces romans, maintes fois réédités depuis leur parution, évoquent la migration du tiers-monde vers l'Occident.

Tous deux ont pour cadre l'espace méditerranéen. En tant qu'interface entre deux continents, relevant du clivage planétaire entre le Nord et le Sud, cet espace est une frontière culturelle entre Europe et Maghreb : une frontière religieuse mais aussi démographique et socio-économique. Il est tributaire aujourd'hui des grandes dynamiques du monde moderne : espace colonial, espace de migration (d'abord migration coloniale de la métropole vers les territoires du Sud, puis migration du Sud vers le Nord, à partir de la seconde moitié du XXe siècle), espace enfin d'un voyage plus plaisant mais aux innombrables conséquences pas toujours heureuses, le périple touristique, qui pèse sur le devenir des zones littorales et qui est d'une importance économique (et écologique) majeure. La littérature contemporaine est le signe pluriel de cette complexité.

Dans son discours de réception du prix Nobel, Le Clézio évoque les écrivains qui ont dû prendre la route de l'exil et aborde indirectement la question de la migration en précisant que « l'interdiction de vivre dans le lieu qu'on a choisi est aussi inacceptable que la privation de liberté » (Le

Clézio, 2008, p. 3). Son roman qui traite le plus directement de la migration est donc *Désert*, portrait du Maroc colonial du début du XXe siècle puis de la France des années 1980, où une immigrante marocaine vient tenter sa chance. *Révolutions*, par la suite, aborde le thème de la guerre qui impose la migration des populations civiles.

Désert construit une opposition première entre l'espace primitif qu'est le désert et le monde occidental, dont la manifestation la plus agressive, la plus laide aussi, est la ville. Espace redoutable, le désert a une dimension initiatique, c'est-à-dire que l'errance du personnage n'y est pas seulement topologique mais devient cheminement intérieur. L'espace intime et le paysage extérieur se confondent dans les moments de révélation :

> Mais c'était leur vrai monde. Ce sable, ces pierres, ce ciel, ce soleil, ce silence, cette douleur, et non pas les villes de métal et de ciment, où l'on entendait le bruit des fontaines et des voix humaines. C'était ici l'ordre vide du désert, où tout était possible, où l'on marchait sans ombre au bord de sa propre mort. (Le Clézio, 1980, p. 23)

Dans le roman, le désert est un lieu de lumière, de beauté et de liberté. La société qui l'habite apparaît comme harmonieuse, en accord avec un cadre naturel dangereux mais magnifique. En fait, il revêt des traits utopiques qui l'opposent à la morne réalité occidentale. Au contraire, selon une antithèse presque manichéenne, la ville occidentale apparaît comme foncièrement négative. Elle cumule tous les problèmes de la modernité : une organisation inhumaine, des activités aliénantes, un pouvoir lointain et arbitraire. Elle est une prison à l'aspect terrifiant :

> Elle [Lalla] regarde ceux qui s'en vont vers d'autres villes, vers la faim, le froid, le malheur, ceux qui vont être humiliés, qui vont vivre dans la solitude. Ils passent un peu courbés, les yeux vides, les vêtements déjà usés par les nuits à coucher par terre, pareils à des soldats vaincus.
>
> Ils vont vers les villes noires, vers les ciels bas, vers les fumées, vers le froid, la maladie qui déchire la poitrine. Ils vont vers leurs cités dans les terrains de boue, en contrebas des autoroutes, vers les chambres creusées dans la terre, pareille à des tombeaux, entourées de hauts murs et de grillages. (Le Clézio, 1980, p. 273)

La partie du roman où est décrit le séjour de Lalla à Marseille s'intitule « La vie chez les esclaves ». Le voyage qui conduit Lalla du Maroc vers la France possède tous les traits d'une descente aux enfers :

De la migration comme thème romanesque

> Le vent froid souffle par rafales sur le pont, et les vagues lourdes font vibrer les tôles du bateau. Lalla a mal au cœur… (Le Clézio, 1980, p. 259)

> La mer verte, encombrée de saletés. La pluie commence à tomber sur le pont, mais personne ne se met à l'abri. L'eau froide ruisselle sur les cheveux des enfants. (*Ibid.*, p. 260)

> Le débarquement commence […]. Au fur et à mesure que le temps passe, l'énervement grandit parmi les enfants qui sont massés sur le pont. Les jeunes enfants se mettent à pleurer, avec un geignement continu qui grince et n'arrange pas les choses. (*Ibid.*, p. 262)

> Lalla est triste, parce qu'elle comprend que la jeune femme devra reprendre le bateau en sens inverse, avec son bébé malade. (*Ibid.*, p. 264)

La migration se réalise donc entre un espace maghrébin quelque peu idéalisé et une société industrialisée détestable[2]. En fait, Le Clézio propose un contre-modèle de l'Occident : la société marocaine aux lisières du désert est présentée comme proche du cadre naturel, harmonieuse et pénétrée d'une spiritualité qui permet son inclusion au sein d'un monde ordonné, d'un cosmos. C'est dire que *Désert* est inspiré par ce que l'on peut appeler un primitivisme faisant de l'espace marocain, caractérisé par la beauté et le bonheur, le lieu du *savoir-vivre*, au sens le plus fort du terme. Dès lors, la migration apparaît comme une épreuve inhumaine pour les immigrés. Lalla ne sera sauvée que par le retour vers le Maroc, où elle accouchera d'une fille. Elle échappe ainsi au sort misérable des immigrés qui sont présentés comme des victimes, des condamnés :

> Ils sont prisonniers du Panier. Peut-être qu'ils ne le savent pas vraiment. Peut-être qu'ils croient qu'ils pourront s'en aller un jour, aller ailleurs, retourner dans leurs villages des montagnes et des vallées boueuses, retrouver ceux qu'ils ont laissés, les parents, les enfants, les amis. Mais c'est impossible. […] tout les tient, les enserre, les fait prisonniers, ils ne pourront pas se libérer. (Le Clézio, 1980, p. 289)

Dans ce roman, la migration est donc une catastrophe, non pas pour l'Occident, mais pour les Maghrébin.e.s qui immigrent en Occident. Le point de vue opposé est présenté par le roman de Jean Raspail.

Le Camp des Saints a été réédité en février 2011 par les éditions Robert Laffont avec une préface de l'auteur intitulée « *Big Other* ». 70 000 exemplaires ont été écoulés en 37 ans de ce livre que la presse nationaliste

---

[2] Sur l'image du tiers-monde, je me permets de renvoyer à mon ouvrage sur l'image du tiers-monde (Moura, 1992).

française évoque régulièrement comme un « roman-culte ». L'argument du roman est d'une simplicité biblique :

> Dans la nuit, sur les côtes du midi de la France, cent navires à bout de souffle se sont échoués, chargés d'un million d'immigrants. Ils sont l'avant-garde du tiers-monde qui envahit *pacifiquement l'Occident* pour y trouver l'espérance. À tous les niveaux, conscience universelle, gouvernements, équilibre des civilisations, et surtout chacun en soi-même, on se pose la question, mais trop tard : que faire ? C'est ce choc inéluctable que raconte *Le Camp des Saints*. (Raspail, 1973, quatrième page de couverture)

Dans la préface de 2011, Jean Raspail insiste sur la « submersion » de la France par ses étrangers. Avec malice, il laisse au général de Gaulle le soin de définir les Français : « peuple européen de race blanche, de culture grecque et latine et de religion chrétienne » (1959), indiquant même à ses détracteurs les pages du roman susceptibles d'être poursuivies en justice (87 motifs) en vertu des lois « Pleven, Gayssot, Lellouche et Perben » (Raspail, 2011, p. 21)[3]. Le roman insiste en effet sur la décadence européenne, il est inspiré par la crainte d'une immigration corruptrice venue des pays pauvres.

Le Camp des Saints relève de la veine du « livre-catastrophe ». Toutefois, le roman de Raspail se distingue de la paralittérature par son style comme par l'accueil qu'il a reçu dans les milieux de la critique littéraire, accueil suivi de nombreuses traductions (en anglais, espagnol, portugais, allemand, polonais, tchèque). Une partie de la réception critique de l'œuvre insiste sur son caractère prophétique : elle annoncerait la fin de l'Occident submergé par des hordes venues du tiers-monde. Sentiment d'une décadence du monde moderne, souci de la tutelle éclairée de l'Occident sur les relations internationales et crainte d'une immigration corruptrice sont les thèmes dominants du roman.

L'opposition entre espace « civilisé » (Europe et surtout France) et forces barbares (venues de l'Inde) est radicale. La France y est présentée comme un lieu de beauté et d'harmonie méditerranéen, c'est un espace de culture où l'amour de l'artisanat, de la bonne cuisine et du vin s'allie à la passion des livres. La religion chrétienne est aux racines de cet art de vivre qui se voit d'ailleurs attribuer une dimension mythique. Le pays est

---

[3] J. Raspail, préface à l'édition 2011 du *Camp des Saints*, Paris, Robert Laffont, 2011, p. 21.

De la migration comme thème romanesque 33

comparé à une Jérusalem encerclée, une Jéricho, une Byzance et donc le « Camp des Saints », évoqué dans *L'Apocalypse*.

Pourtant, le ver est dans le fruit : à l'approche de la flotte venue du Gange, nombre de Français manifestent leur « faiblesse » : ils se réjouissent de l'arrivée des immigrants, tantôt au nom d'une contestation puérile de leur société, tantôt en raison d'une « dégénérescence de la pitié ». Pour le narrateur, il s'agit de la perte de l'énergie qui a fait la grandeur occidentale. En face, les « étrangers » apparaissent comme un déferlement aveugle et inhumain : « un énorme animal à un million de pattes et cent têtes alignées » (Raspail, 1973, p. 69).

Trois traits fondamentaux composent l'intrigue : les figures du bonheur et de l'ordre occidentaux, les figures de la barbarie issue du tiers-monde, la destruction de l'Occident consécutive à la migration. Dans l'économie du récit, ces éléments sont ambivalents : les « barbares » sont impressionnants mais inoffensifs en réalité (il suffirait que les Occidentaux décident de saborder la flotte pour que la menace disparaisse). C'est dire que la destruction est moins la conséquence de cette migration extraordinaire que de la démission de l'Occident. Le roman fait le constat de la décadence « civilisée » capitulant devant les « barbares ». On peut analyser ces images comme un mythe personnel propre à Jean Raspail, on peut aussi les relier à un ensemble de discours, d'organisation et de pratiques politiques contemporaines du roman.

Dans ce récit, les représentations de la France et du tiers-monde allégorisent une idéologie néo-malthusienne (le constat du différentiel démographique entre l'Occident et le Sud), résumée par la phrase attribuée au président algérien Boumedienne, qui figure en épigraphe du roman :

> … aucun nombre de bombes atomiques ne pourra endiguer le raz de marée constitué par les milliers d'êtres humains qui partiront un jour de la partie méridionale et pauvre du monde, pour faire irruption dans les espaces relativement ouverts du riche hémisphère septentrional, en quête de survie. (Raspail, 1973, p. 7)

La comparaison simpliste des évolutions démographiques de l'Occident et du tiers-monde conduit rapidement à des mises en garde angoissées et à un millénarisme d'apparence statistique. Cette démographie comparée n'est pas nouvelle.

À l'époque de la publication du roman, elle était illustrée par les appels anxieux du Club de Rome à l'opinion mondiale dans un rapport du Massachusetts Institute of Technology, *The Limits to Growth*

(Meadows *et al.*, 1972). Aujourd'hui encore, plusieurs critiques insistent sur la faiblesse démographique de l'Europe lorsqu'on la compare à la jeunesse des continents africain et asiatique.

L'évocation de la migration catastrophique relève aussi de l'idéologie de l'intégrité culturelle, défendue dans les années 1980, en France, par la *Nouvelle droite*, dont l'élément central était le G.R.E.C.E. (Groupement de Recherches et d'Études pour la Civilisation Européenne) et sa figure intellectuelle la plus connue, Alain de Benoist. Le roman développe en effet une vision hyperbolique de ce que de Benoist nomme l'égalitarisme : « le nivellement des personnes, la réduction de toutes les cultures à une « civilisation mondiale » bâtie sur ce qu'il y a de plus *commun* » (De Benoist, 1977, p. 25). Le déferlement des hommes du tiers-monde sur l'Occident marque la destruction de cette diversité culturelle comme de l'aristocratie indo-européenne, représentée dans le récit par des personnages éclairés aux noms d'apparence grecque tels Calguès et Dragasès. La migration dans le roman de Raspail est donc au principe d'une eschatologie où se dévoilent des discours idéologiques français et/ou occidentaux sur la décadence et la crainte du « barbare ».

Rien qu'en février 2011, il s'est vendu 30 000 exemplaires du roman. Ce mois correspondait au moment où les révoltes en Tunisie et en Lybie poussaient des dizaines de milliers d'émigrants vers l'Europe. En France, le Front National a réalisé alors un score historique aux élections cantonales. Depuis, comme on sait, la situation ne s'est pas améliorée. En ce sens, *Le Camp des Saints*, souvent interprété comme une fiction anticipant des développements futurs, vient prendre le relais de discours idéologiques situés à droite, en France.

Il conviendrait naturellement de développer ces analyses, mais il me semble que l'on peut présenter deux pôles de la représentation de la migration dans le roman français contemporain. D'un côté, la représentation du bonheur hors de l'Occident, avec *Désert* de Le Clézio, de l'autre, celle de la submersion de l'Occident par les « barbares » du tiers-monde. D'un côté donc, le mythe du bonheur hors de la modernité, du bonheur « primitif » ; de l'autre, le mythe du barbare menaçant. Dans les deux cas, il s'agit de deux grands mythes de l'exotisme européen, qu'on retrouverait tout au long de notre histoire littéraire, du Tacite de *Germania* jusqu'à *Paul et Virginie* ou aux récits du péril jaune. Dans les deux cas, la migration est une catastrophe, soit parce qu'elle signe l'abandon du bonheur pour l'immigré qui arrive en Europe et va être exploité, soit parce qu'elle marque la fin de la civilisation submergée par les hordes du tiers-monde.

J'y verrai le signe que le thème de la migration est propice à une représentation pathétique du monde contemporain, dans la mesure où il peut être aisément présenté comme la confrontation de deux civilisations, autorisant ainsi soit la valorisation hyperbolique de l'étranger (Le Clézio) soit un élargissement épique peignant la victoire catastrophique d'un groupe sur l'autre (Raspail).

3. La banlieue, zone de migration

Une dernière représentation, paradoxale, de la migration, m'est inspirée par les travaux d'Alec Hargreaves et, récemment, son article, « *Writing Back from the Banlieues: In Search of Refamiliarization* », où il évoque l'étrange situation symbolique des banlieues en France : dans un monde où les distances semblent s'amenuiser, la perception française de ces territoires constitue en effet une anomalie (Hargreaves, 2012). Situées à quelques kilomètres seulement du centre des métropoles, les banlieues sont considérées par ceux qui n'y vivent pas comme des espaces irrémédiablement étrangers. Implicitement, en raison des origines très souvent coloniales des populations habitant ces endroits déshérités, le sens même du terme « banlieue » a changé. Alors qu'il désignait naguère l'ensemble des espaces suburbains, il est aujourd'hui devenu le synonyme de ghetto ethnique, un nouvel espace exotique postcolonial, lieu de rassemblement de l'immigration, relevé par la classe politique française :

> This perceptual distance was vividly evoked following the jihadist attacks carried out in Paris in January 2015, which Prime Minister Manuel Valls linked to « la rélégation péri-urbaine, les ghettos – ce que j'évoquais en 2005 déjà – un apartheid territorial, social, ethnique, qui s'est imposé à notre pays » [*Le Monde*, 20 janvier 2015]. Valls's use of the word "apartheid", the official term for the policy of state-led racial segregation pursued in South Africa prior to 1989, was a striking illustration of the chasm that is often felt to separate the *banlieues* from the rest of France. It was also an implicit reminder of the colonial origins of the immigrant populations who are densely concentrated in the disadvantaged neighbourhoods currently evoked in everyday usage of the word "banlieues", which, in contrast with prior usage referencing suburban areas as a whole, has narrowed to become a synonym for ethnic ghettoes. (Hargreaves, 2012, p. 101)

Conscients de cette mise à distance, les écrivains de cet espace ont cherché à la subvertir, l'effacer ou la circonvenir. L'étude de Hargreaves met en lumière certaines stratégies qu'ils utilisent pour surmonter ou déjouer l'exotisation des banlieues et de leurs populations.

Certains, tel Rachid Djaïdani (qui est aussi cinéaste), ne mettent guère Paris en scène, dénient toute autorité à la capitale, voire l'ignorent pour instaurer un nouveau centre, situé à la marge, et invitant un supposé lectorat parisien à s'aventurer dans la périphérie (Djaïdani, 1999, 2004, 2007)[4]. D'autres jouent avec les conventions du récit de voyage. On pourrait citer *Le Thé au harem d'Archi Ahmed* (Charef, 1983) de Mehdi Charef, dont le titre paraît offrir une promesse d'exotisme oriental (Said, 1980), conjurée dès la première page qui plonge le lecteur dans une cité de la banlieue nord de Paris.

Dans *Ma part de Gaulois* de Magyd Cherfi (Cherfi, 2016), le jeune protagoniste et ses ami.e.s cherchent constamment à démontrer leur « francité » à des auditeurs réels ou imaginaires tels que des professeurs ou des examinateurs, réclamant explicitement une place dans la société française. Le narrateur plus âgé, lui, confie au lecteur (nettement situé hors de la banlieue) que de telles aspirations resteront lettre morte à cause des préjugés ancrés dans le passé colonial, et qui, loin de s'affaiblir, se renforcent avec le temps. Il conviendrait de faire une étude stylistique du roman, concentrée notamment sur les transitions entre l'argot de la cité et le français soutenu, grâce au style indirect libre qui permet au lecteur d'entendre la langue de la banlieue nord de Toulouse (on pourrait procéder à la même analyse pour le récit de Faïza Guène cité plus loin). L'important me paraît ici d'insister sur l'idée que le voyage auquel le récit semble convier n'en est pas un, suggérant ainsi que les différences entre ces « banlieusards » et les lecteurs habitant des endroits plus aisés ne tiennent qu'à une légère distance spatiale.

Hargreaves cite également les romans d'Azouz Begag et *Un tocard sur le toit du monde* de Nadir Dendoune (Dendoune, 2010), journaliste français d'origine algérienne, qui raconte son ascension de l'Everest. En butte à la pauvreté et à la discrimination dans sa cité de la Seine-Saint-Denis, Dendoune a cherché à s'accomplir ailleurs que dans son pays de naissance : il a fait le tour du monde à vélo en 1993, il a été volontaire pour servir de bouclier humain durant la guerre d'Irak en 2003, et, enfin, il a réalisé l'ascension de l'Everest en 2008. Dans ces destinations lointaines

---

[4] Voir Brozgal (2011).

où il réalise des exploits, il se libère des discriminations pesant sur lui en France afin de devenir un Français « ordinaire » :

> J'ai quitté la France en 1993, pour un raid en VTT jusqu'à Sydney. Et c'est là que ma vie a changé. Un vrai déclic quand on m'a considéré pour la première fois comme un Français à part entière, un type normal. (Dendoune, 2009)

L'ascension de l'Everest relève d'une démarche comparable :

> montrer à la France qu'on peut être né du mauvais côté du périph, dans les HLM du 93, être le fils d'un Algérien illettré et réussir un exploit que bien peu de gens seraient même capables d'envisager. (Dendoune, 2010, p. 12)

Durant la descente, Dendoune a des réflexions amères sur les barrières dressées contre les banlieusards par les élites françaises :

> Les vrais communautaires, ce sont « eux ». « Nous », on ne demande qu'à faire partie de leur cercle privé. En vérité, une partie de mon mal-être vient de là : depuis mon enfance, on me renvoie à la gueule que je suis un imposteur, un tocard. Pas assez français. Pas vraiment français. Je ne changerai pas mon faciès pour autant, ni ne mentirai sur mon lieu de résidence : banlieusard et fier de l'être. (Dendoune, 2010, p. 217)

La jeune autrice Faïza Guène, présentée dès la quatrième page de couverture comme « une enfant des quartiers », raconte sa vie seule avec sa mère dans une cité de Livry-Gargan, en Île-de-France. La jeune Doria (prénom de la protagoniste) témoigne avec alacrité de sa vie de fille de migrants (dont le père a abandonné sa mère pour rentrer au Maroc et épouser une femme plus féconde) :

> Quel destin de merde. Le destin, c'est la misère parce que t'y peux rien. Ça veut dire que quoi que tu fasses, tu te feras toujours couiller. Ma mère, elle dit que si mon père nous a abandonnées, c'est parce que c'était écrit. Chez nous, on appelle ça le mektoub. (Guène, 2004, p. 19)

La fin du récit, plus optimiste, nous dépeint cependant une Doria consciente que la roue pourrait tourner et la vie se montrer plus clémente (Guène, 2004, p. 188), même si pour l'heure, elle reste dans sa cité, ironiquement appelée « du Paradis » :

> Moi, je mènerai la révolte de la cité du Paradis. Les journaux titreront « Doria enflamme la cité » ou encore « La pasionaria des banlieues met le feu aux poudres ». Mais ce ne sera pas une révolte violente comme dans le film *La Haine* où ça ne finit pas hyper bien. Ce sera une révolte intelligente, sans

aucune violence, où on se soulèvera pour être reconnus, tous. Y a pas que le rap et le foot dans la vie. Comme Rimbaud, on portera en nous « le sanglot des Infâmes, la clameur des Maudits ». (Guène, 2004, p. 189)

Une anecdote liée au journalisme littéraire mène toutefois à relativiser cet optimiste. Après la publication de *Ma part de Gaulois*, Magyd Cherfi a été invité à l'émission « La Grande Librairie », où les invités étaient surtout des écrivains « francophones ». Ironiquement, la présence de Cherfi, citoyen français né en France, dans ce casting francophone renvoyait implicitement à ce qu'il dénonçait. Bref, le thème de la migration s'invite dans la représentation des banlieues, même lorsqu'il n'a rien à y faire puisqu'il est question d'un espace français peuplé de citoyens français, incessamment ramenés à la migration de leurs parents, voire grands-parents.

Il reste évidemment beaucoup à dire sur la migration et la manière dont la littérature s'en empare (voir Mazauric, 2012). Les dernières vingt-cinq années ont vu doubler le nombre total de migrants, et il est très probable que cette croissance s'amplifiera dans les prochaines décennies. L'histoire nous montre en effet que les changements économiques et politiques – et, de plus en plus, écologiques – délogent les personnes de leur environnement traditionnel et les poussent à rechercher la sécurité et la prospérité dans des endroits nouveaux (Goldin, 2011). On peut s'attendre à ce que la littérature témoigne de ces déplacements massifs. On peut aussi prédire qu'à l'instar des romans de Le Clézio et de Raspail, elle sera le support de grandes rêveries sur l'altérité, de puissants mythes concernant le rapport de l'Europe aux autres continents.

Références bibliographiques

Ammi, M. K. (1999). *Partage du monde*. Paris : Gallimard, coll. « Jeunesse ».

Andersson, R. (2019). *No Go World: How fear is redrawing our maps and infecting our politics*. Oakland, CA: University of California Press.

De Benoist, A. (1977). *Vu de droite*. Paris : Copernic.

Brozgal, L. (2011). *La Banlieue* to the Moon : Rachid Djaïdani's Displacement of Paris. *Contemporary French Civilization*, *35*(2), pp. 87–109, pp. 100–103.

Charef, M. (1983). *Le Thé au harem d'Archi Ahmed*. Paris : Mercure de France.

Cherfi, M. (2016). *Ma part de Gaulois*. Arles : Actes Sud.

Dendoune, N. (2010). *Un tocard sur le toit du monde*. Paris : J.-C. Lattès.

Dendoune, N. (2009). Interview avec F. Drouzy. https://www.liberation.fr/auteur/4365-fabrice-drouzy [8 juin].

Djaïdani, R. (1999). *Boumkoeur*. Paris : Le Seuil.

Djaïdani, R. (2004). *Mon nerf*. Paris : Le Seuil.

Djaïdani, R. (2007). *Viscéral*. Paris : Le Seuil.

Gély, V. (2010). Latinité, hybridité culturelle et migritude : l'Afrique du Nord et Apulée (Ahmed Hamdi, Assia Djebar et Kebir M. Ammi). *Silène. Revue de littérature comparée en ligne*, « Les lettres francophones, hispanophones, lusophones et la latinité ».

Goldin, I., Cameron, G. et Balarajan, M. (2011). *Exceptional People. How Migration Shaped Our World and Will Define Our Future*. Princeton, N.J. : Princeton University Press.

Guène, F. (2004). *Kiffe kiffe demain*. Paris : Hachette Littératures.

Hargreaves, A. (2012). Writing Back from the Banlieues: In Search of Refamiliarization. *Fixxion. Revue critique de fiction française*, « L'ailleurs par temps de mondialisation » / « Elsewhere in the Time of Globalization », *16*, pp. 101–110.

Le Clézio, J. M. G. (1980). *Désert*. Paris : Gallimard.

Le Clézio, J. M. G. (2003). *Révolutions*. Paris : Gallimard.

Le Clézio, J. M. G. (2008). *Conférence lors de la remise du prix Nobel, 7 décembre 2008*. Stockholm : Fondation Nobel.

Mazauric, C. (2012). *Mobilités d'Afrique en Europe. Récits et figures de l'aventure*. Paris : Karthala, coll. « Lettres du Sud ».

Meadows, D., Randers, J. et Behrens, W. W. (1972). The Limits to Growth, New York : Universe Books, 1971. Trad. fr. *Halte à la croissance ?* Paris : Fayard. Répétition de Meadows.

Moura, J.-M. (1992). *L'Image du tiers-monde dans le roman français contemporain*. Paris : Presses universitaires de France, coll. « Écriture ».

Moura, J.-M. (1998). *La Littérature des lointains : histoire de l'exotisme européen au XXe siècle*. Paris : Honoré Champion.

Moura, J.-M. (2008). Le voyage rétrospectif. Sur la réécriture de voyages anciens dans la fiction européenne contemporaine. Dans J.-P. Engélibert et

Y.-M. Tranh-Gervat (dir.), *La Littérature dépliée. Actes du XXXIVe congrès de la SFLGC*. Rennes : Presses universitaires de Rennes, pp. 49–59.

Raspail, J. (1973). *Le Camp des Saints*, Paris : Robert Laffont. Préface à l'édition 2011 du *Camp des Saints*. Paris : Robert Laffont.

Said, E. (1980). *L'Orientalisme* [1978]. Paris : Le Seuil.

Chapitre 2
La solidarité : *Les Victorieuses* de Laetitia Colombani

MARGARITA ALFARO
Université Autonome de Madrid

1. Présentation

La société européenne contemporaine offre un panorama sociodémographique favorable à la diversité culturelle et l'ouverture à l'étranger, disons au phénomène de l'Autre. À la fois nos sociétés manquent de ressources économiques et d'instruments sociaux efficaces ayant la capacité d'éviter les situations d'exclusion et de vulnérabilité où les plus démunis sont écartés et se voient donc concernés. Notamment des femmes qui sont victimes d'une triple précarité en raison de leur genre, de leur manque de préparation et de leur origine. Nous pouvons donc affirmer que dans les sociétés occidentales nous observons un manque d'acceptation de la diversité qui conduit vers l'incompréhension et l'intolérance en ce qui concerne d'autres paradigmes socioculturels. Certains auteurs parlent de *déficit démocratique* (Ducomte, 2004) ou du *mal des valeurs* (Puig, 2017), deux phénomènes très enracinés dans notre société européenne contemporaine. Dans ces circonstances précises, les instruments et bien sûr les ressources sont nécessaires afin d'éviter les situations de vulnérabilité et d'exclusion (Puig, 2017, pp. 54–66). Différents intellectuels signalent les failles à ce propos et, parmi d'autres, Stéphane Hessel dans un essai intitulé *Indignez-vous !* (2010) aborde les insuffisances démocratiques et l'incapacité de réaction de nos sociétés face aux injustices et aux déséquilibres sociaux. Or nous pouvons constater qu'aux moments de crise sociale et de crise humaine émergent les valeurs de solidarité et d'engagement en faveur des situations à la frontière du mépris, voire d'insuffisance démocratique, comme nous venons de le signaler. À tel point que les idéaux de protection sociale cristallisent et font évoluer les structures sociales préalables. Les personnes qui les incarnent s'érigent en modèles à suivre. Dans notre analyse consacrée au roman *Les Victorieuses* de Laetitia Colombani (2019, p. 60), la protagoniste, Solène, agit parce qu'elle veut transformer le monde et elle s'indigne :

> La naissance de l'indignation : ce sentiment surprend Solène. Elle a du mal à le nommer [...] Enfermée dans sa petite vie et ses problèmes, elle ne voit pas le monde tourner. Certains ont faim et n'ont que deux euros pour manger. Si Solène avait connaissance, intellectuellement, de cette réalité, elle vient de la prendre en pleine face aujourd'hui, au milieu du Palais.

Nous pouvons donc affirmer que la citoyenneté ne peut être active et compétente qu'au cœur d'une société démocratique fondée sur la pleine participation et l'intégration de tous les citoyens. Cela encourage la pensée critique et les espaces frontaliers où l'élément humain incarne le profil de la citoyenneté du XXIe siècle : sa capacité de réflexion, d'adaptation et d'intégration dans la nouvelle réalité sociale qui favorise l'intercompréhension et l'attention à la diversité (North, 2006). Si nous limitons notre action au domaine de la littérature interculturelle (francophone) en Europe, écrite par des femmes d'origine étrangère, que nous avons appelé dans notre itinéraire de recherche les xénographies littéraires interculturelles (Alfaro et Mangada, 2014 ; Alfaro, Sawas et Soto, 2020), notre proposition implique une réflexion de départ à propos de la littérature interculturelle. Il s'agit d'un domaine littéraire qui illustre le potentiel positif apporté à la communauté scientifique et à l'ensemble des citoyens car il aborde des questions sociales actuelles. Il n'est pas question d'un contenu lié à une perception unique ancrée dans la littérature nationale (française), mais de montrer, à travers des voix multiples, les forces, les faiblesses et les lacunes de la société actuelle par le biais de la fiction et de mettre en valeur les littératures européennes dans leur dimension interculturelle. De ce fait, Tomás Albaladejo (2012, p. 13) affirme : « La actual era de la globalización facilita la comunicación, los desplazamientos, la información, en definitiva, todo aquello que permite que seres humanos de distintas procedencias, de distintas lenguas, de distintas culturas establezcan contacto y se mantengan en contacto ».

Nous sommes par conséquent confrontés à un nouveau paradigme où la migration, l'intégration et la cohésion sociale constituent trois axes entrelacés et font partie de notre réalité sociale, ils nous touchent de manière particulière en Europe. Dans l'ensemble, l'objet de notre travail, les xénographies féminines en Europe, contribue à sensibiliser et à garantir que les femmes puissent s'intégrer dans la société européenne contemporaine sur un pied d'égalité. Le personnage principal, Louise, du dernier roman publié par Léonora Miano, intitulé par ailleurs *Stardust* (2022), représente un autre exemple paradigmatique qui enrichit la réflexion que nous venons d'évoquer. C'est dans ce contexte que Louise dit en son for intérieur et à un moment de maturité de sa vie, après avoir vécu avec sa fille âgée d'un an dans un centre de réinsertion et d'hébergement à Paris, ce qui suit :

> L'empathie citoyenne. L'indignation devant la souffrance et les déchéances qu'elle induit, inévitablement. Une certaine idée de l'être humain. Tout cela doit venir des autres, de ceux qui ne vivent pas forcément la même peine, qui n'ont peut-être jamais connu pareille tragédie, mais qui accordent de la valeur à un ou deux grands principes. La nécessité d'éradiquer la misère doit obséder d'abord ceux qui vivent dans l'opulence. (Miano, 2022, p. 212)

2. Présence des personnages féminins dans l'œuvre de fiction de Laetitia Colombani : sous les traces du courage

Dans ce cadre, le roman *Les Victorieuses* publié en 2019 par Colombani, scénariste, réalisatrice et plus récemment écrivaine d'origine corse née à Bordeaux en 1976, offre au lecteur contemporain une fresque de femmes marquées par un destin où règne la vulnérabilité, d'un côté, et la résilience et l'engagement, de l'autre. Colombani écrit un premier roman à grand succès, intitulé *La Tresse* (2017)[1], où elle expose l'itinéraire vital de trois femmes (Smita, Giulia et Sarah) qui appartiennent à trois régions différentes du monde (l'Inde, la Sicile et le Canada, respectivement) et qui ont en commun leur volonté de survivre en dehors des impositions sociales. Du point de vue du *déficit démocratique* que nous venons de signaler, nous pouvons affirmer qu'il s'agit d'un roman qui montre les fractures sociales de nos sociétés européennes contemporaines. De même, l'album illustré *La Tresse ou le voyage de Lalita* (2019), publié par

---

[1] Le roman fut immédiatement traduit en plus de quarante langues, vingt-trois prix littéraires lui ont été décernés, dont le 40ᵉ Prix Relay des Voyageurs-Lecteurs 2017. Actuellement, l'auteure travaille sur l'adaptation d'une série cinématographique.

l'auteure en collaboration avec l'illustratrice Clémence Pollet[2] reprend l'histoire de Smita, la mère de Lalita, et de leur voyage au sud de l'Inde afin de pouvoir aller à l'école et de recevoir une éducation qui lui était refusée dans sa région du nord en raison de la caste à laquelle elle appartenait, les Intouchables.

Son deuxième roman, auquel nous ferons référence, *Les Victorieuses* (2019), abonde sur cette question. Il s'agit d'un récit de fiction qui déploie une riche mosaïque de personnages féminins qui se rencontrent au Palais de la Femme à Paris, institution créée pendant la période de l'entre-deux-guerres, refuge pour les femmes exclues de la société. Cette fois-ci encore, l'auteure se sert de sa production romanesque pour inspirer un album illustré intitulé *Les Victorieuses ou le palais de Blanche* (2021), qu'elle publie de nouveau avec Pollet. Le roman s'exprime par une fiction narrative où les personnages et la voix énonciative à la troisième personne nous conduisent de manière linéaire à travers les coordonnées spatio-temporelles. Du point de vue narratif, l'album offre une information moins exhaustive que le roman ; seuls les aspects que la voix de l'auteure juge pertinents sont exprimés, puisque l'histoire racontée ne se limite qu'à une partie de l'histoire, celle qui est en rapport avec la vie de Lalita. L'imbrication iconotextuelle crée une unité symbolique qui renforce le message initial. Le plan visuel, où sont mis en scène les personnages et les espaces, et le plan textuel sont renforcés pour transmettre des situations complexes et, surtout, pour permettre au lecteur de s'engager en faveur d'une société plus juste. Il s'agit donc d'un moyen très efficace d'attirer le grand public. L'album illustré est ainsi un moyen de communication où la complexité de l'univers narratif renforce sa dimension didactique. De même, l'information textuelle de l'univers narratif se déploie et acquiert la fonction esthétique offerte par les images, qui servent à créer un contexte visuel et à donner un espace et un contexte à l'histoire racontée comme s'il s'agissait de métaphores visuelles, créant

---

[2]   Le premier album de Clémence Pollet (Paris, 1985), intitulé *L'Ébouriffée* (2009), est distingué par le prix Premier Album au salon de Montreuil. Par la suite, l'auteure a réalisé de nombreux travaux d'illustration avec des auteurs très divers appartenant à différentes cultures et a publié dans des maisons d'édition nationales et internationales. Elle travaille notamment la gravure sous différentes modalités graphiques ; se distinguent : *La Langue des oiseaux* (2013), *Loup un jour* (2014), *Contes d'un roi si sage* (2014), *Le petit théâtre d'Hannah Arendt* (2015), *La Balade de Mulan* (2015), *Mowgli* (2015), *Conte lent en rouge* (2015), *Dis, comment ça pousse* (2016), *Confucius, toute une vie* (2018), *La Traversée* (2017) et *Animal Totem* (2018), parmi d'autres.

un effet de synesthésie. Dans ce cas, les images deviennent essentielles dans la narration graphique et dans les processus de reformulation. L'album est donc proposé comme un texte complémentaire de lecture facile du point de vue de la langue, plus attrayant pour un public plus large et où la double perspective image-texte renforce la compréhension de la lecture. Finalement, son troisième roman publié *Le Cerf-volant* (2021) donne suite au fil conducteur du personnage de Lalita inscrit dans *La Tresse*. Les deux romans constituent un diptyque. Ce roman, comme les précédents, se sert des personnages féminins pour montrer leur évolution. Les adversités personnelles et sociales se révèlent être une source de force et de capacité de résistance pour les protagonistes qui doivent surmonter des limitations et des conventions extrêmes. Deux mondes se voient confrontés, l'Europe et l'Inde, deux personnages convergent, Léna, d'origine française, et Lalita, d'origine indienne. Les deux s'entraident, les deux recommencent à zéro et malgré leurs difficultés arrivent à s'en sortir. Toutes les deux rêvent d'une autre vie où règnent l'espoir et le salut. Ce roman est à nouveau un chant de solidarité, de sororité, où les deux personnages féminins se rencontrent et deviennent un exemple à suivre.

3. Analyse des personnages féminins dans *Les Victorieuses*

Dès sa publication en 2019, le premier roman de Colombani connaît un grand succès et un excellent accueil[3]. Dans le contexte de l'entre-deux-guerres est racontée la fondation du Palais de la Femme à Paris (1926), un lieu destiné à l'hospitalité de femmes exclues de la société[4]. Du point de vue de l'architecture narrative, le roman est construit autour de vingt-huit séquences de durée inégale où s'alternent le passé, moins représenté (sept séquences), et le présent, décrit de manière exhaustive (vingt et une séquences). Le narrateur introduit le lecteur dans la vie de Blanche Peyron et de son entourage. Du point de vue de l'énonciation, le roman est écrit à la troisième personne par un narrateur omniscient hétérodiégétique qui conduit le lecteur de manière linéaire à l'intérieur de chaque histoire. Par ailleurs, deux histoires appartenant à deux moments chronologiques différents avancent en parallèle. Le narrateur nous fait découvrir les pensées,

---

[3]   Il a été traduit en plus de trente-quatre langues.

[4]   De nos jours, ce Palais existe encore et donne suite à sa mission initiale.

les sentiments et la voix profonde des deux personnages principaux, deux femmes qui sont capables de rompre avec leurs sociétés et leurs paradigmes socioculturels et de s'engager en faveur des femmes dépourvues de ressources. Il s'agit de Solène, représentante du présent, et de Blanche, qui évoque un temps révolu de presque un siècle en arrière. Celle-ci est découverte par Solène qui se donne la mission, à la fin du roman, d'effectuer des recherches et découvrir ce qui était invisible : « Elle racontera la vie de Blanche, son œuvre et son combat » (Colombani, 2019, p. 218).

Par conséquent, le temps du récit bascule entre le présent et le passé. À ce titre, il convient de signaler que l'expression romanesque du temps passé se caractérise par une présence plus réduite que le présent dans l'ensemble de l'univers narratif ; c'est le moment du récit où se profile le personnage de Blanche Peyron, née en 1867 et fondatrice du Palais de la Femme tel qu'il a été indiqué auparavant. Il s'agit d'une femme qui a lutté contre les clichés sociaux de son époque, obsédée par ses idéaux d'atteindre un monde meilleur au carrefour d'une société qui rompt progressivement avec la tradition et les valeurs bourgeoises. D'autre part, il convient de s'attarder sur le présent, *aujourd'hui*, où Solène, avocate réputée à Paris, change son destin professionnel à succès en faveur d'une mission d'écrivain public au Palais de la Femme. Elle s'y engage dans un bénévolat à cause d'une dépression qui met en cause le sens et l'orientation de sa vie. Solène domine le fil de la fiction, elle nous offre son expérience et son regard, à partir duquel nous accédons aux différentes femmes venues d'ailleurs ou exclues, les sans-abris, qui vivent à la lisière de la société. Une société, celle de nos jours, qui n'a pas la capacité de regarder la misère et la pauvreté matérielle et par conséquent de trouver des voies valables de réinsertion. Solène rompt progressivement avec son conformisme social et ses privilèges, elle a eu accès à une éducation et à une formation universitaire qui l'ont rendue indifférente. Or les circonstances vitales auxquelles elle se trouve confrontée vont la mener à élargir la mission de Blanche Peyron.

Dans l'ensemble, ces deux femmes, Blanche et Solène, incarnent des idéaux qui évoquent la société actuelle. Quoiqu'appartenant à deux époques différentes, elles prennent conscience des injustices envers les femmes démunies. Toutes deux se consacrent, suivant des parcours existentiels différents, à améliorer « le déficit démocratique » qu'elles observent dans leurs sociétés respectives. Notre axe analytique par la suite poursuivra l'objectif de montrer la manière dont se produit la dénonciation des injustices et des inégalités ainsi que l'engagement et la revendication de la dignité des femmes d'après le regard de Blanche et Solène.

Blanche Peyron y est décrite, par sa personnalité et sa capacité d'action, comme une femme mûre de cinquante-huit ans, avec un état de santé fragile. Elle s'est mariée avec Albin en 1891, il sera l'amour de sa vie, son appui et son compagnon de défis : « Qu'il veut être l'homme qui l'accompagnera. Qu'il ne cherchera pas à l'enfermer, qu'il respectera sa liberté, son combat. Mieux qu'il les partagera. Qu'ensemble ils feront de grandes choses, accompliront de grands projets. [...] Un chemin à gravir ensemble » (Colombani, 2019, p. 69). Ils ont six enfants (Colombani, 2019, p. 94). Blanche est née à Lyon au sein d'une famille protestante, son père est pasteur protestant à Genève où elle passe son enfance et son adolescence. Elle rêve de changer le monde et d'abolir les inégalités. Pour ce faire, elle va suivre le pasteur anglais William Booth qui fonde l'Armée du Salut en 1865, dont le but est l'aide humanitaire dans le monde entier. Blanche renonce à tous ses biens et s'engage dans l'Armée, elle devient salutiste, mouvement qui est encore en vigueur de nos jours, notamment dans les pays anglo-saxons. Malgré les préjugés de l'époque et l'invisibilité des femmes sur le plan social, elle part à Paris pour une nouvelle mission. À la fin du XIXe siècle, les femmes issues de la bourgeoise avaient très peu de possibilités pour s'intégrer au sein de la société : « Peu d'emplois leur sont accessibles, hormis la domesticité, la confection, le spectacle et la prostitution » (Colombani, 2019, p. 35). Cependant, l'Armée du Salut assure l'égalité des sexes, même si les femmes ne sont pas admises par la société du moment (Colombani, 2019, pp. 33–34). Blanche rêve de se rendre utile et de s'engager : « Elle ne se projette pas dans une vie se limitant aux contours d'un foyer. Elle rêve d'horizons plus vastes. En l'Armée, Blanche trouve plus qu'une vocation, un moyen d'échapper au chemin tout tracé qui lui est promis » (Colombani, 2019, p. 35).

En outre, « en Angleterre et en Suisse, le mouvement salutiste parvient à s'implanter, mais la France lui résiste » (Colombani, 2019, p. 37). Elle est à l'époque une femme libre et obstinée. Le mois de novembre 1925 représente un point d'inflexion qu'elle sait rendre favorable pour sa cause. En plus, la situation économique et sociale est très instable en France et la famine menace de plus en plus. Albin et Blanche lancent plusieurs initiatives malgré la crise qui s'impose partout en Europe. Ils ne peuvent rester indifférents face à la marginalité des plus démunis en France : « Leurs efforts finissent par payer. Après des années de disette et de récession, l'Armée connaît une flamboyante envolée. Sous le règne des Peyron s'ouvre une ère de grandes constructions, d'ambitieux projets » (Colombani, 2019, p. 95). « Sous leur impulsion [continue le narrateur] des hôtelleries et foyers fleurissent un peu partout en province, à Lyon, Nîmes, Mulhouse, Reims… Ils créent l'Armoire du Pauvre qui distribue meubles et vêtements, et la Soupe de Minuit, dont le chaudron sillonne les rues de Paris pour offrir à manger aux plus démunis » (Colombani, 2019, p. 95). Ainsi, « Paris sera le combat de sa vie » (Colombani, 2019, p. 94). « À force de ténacité, les Peyron ont conquis Paris. Paris, l'imprenable, a fini par céder sous leurs assauts répétés » (Colombani, 2019, p. 119). La précarité et les inclémences seront leurs batailles. Parmi les différentes initiatives, la Soupe de Minuit représente l'offensive la plus efficace contre la faim et le froid. Cette année-là à Paris, plus de cinq mille « sans abri » errent dans la ville. À l'est de Paris, c'est « le scandale de Charonne » (Colombani, 2019, p. 101), que rapportent tous les journaux de l'époque : des gens meurent de froid dans les rues. Ils fondent le Palais du Peuple dans le quartier des Gobelins à Paris, « un hôtel social pour les hommes sans abri, ainsi que le Refuge de la Fontaine-au-Roi pour les femmes » (Colombani, 2019, p. 95).

Blanche, toujours exigeante envers la situation, relève le défi de « loger toutes les femmes sans-abri de Paris » (Colombani, 2019, p. 118). Elle sait qu'ils ne pourront pas s'arrêter. La forte crise due à la situation économique mondiale réduit beaucoup d'enfants et de femmes à la mendicité, mais, se dit-elle, il y a encore des « victoires » sur la faim et le froid. Face à la souffrance, elle ne s'arrête pas (Colombani, 2019, p. 119) et envisage l'achat d'un immeuble « bâti en 1910 par la Fondation Lebaudy, dont la vocation est d'assurer un logement décent aux travailleurs pauvres et ouvriers, l'hôtel s'est vidé en 1914, lors de la mobilisation. Il fut alors transformé en hôpital de guerre où lui sont revenus, blessés ou mourants, ses anciens pensionnaires » (Colombani, 2019, p. 123). L'immeuble est acheté grâce à l'apport de nombreuses souscriptions. Gaston Doumergue, président de la République, accepte le patronage du comité. Un mouvement sans précédent de solidarité de toutes les classes sociales se fait jour (Colombani, 2019, p. 152) qui va prendre de l'ampleur dans les années suivantes. Le Palais prévoit 743 chambres, soit 743 vies à sauver de la famine, du froid, de la violence. Il s'agira « d'un refuge pour toutes celles que la vie a malmenées, que la société a mises de côté. Une citadelle, où chacune aura son logis, une chambre chauffée, aérée, confortablement meublée. Une chartreuse de paix. Un Palais pour panser ses blessures et se relever » (Colombani, 2019, p. 179). Comme Blanche le pressent, « l'épopée du Palais ne fait que commencer » (Colombani, 2019, p. 154). Le Palais de la Femme est inauguré le 23 juin 1926. Face aux deux mille personnes présentes à l'inauguration, le ministre du Travail et de l'Hygiène prend la parole et salue, « après trop d'années d'oubli, d'ingratitude et de méconnaissance, au nom de la nation, les précurseurs de cette œuvre dont les armes fraternelles constituent ce que sera la société future et s'efforcent de la réaliser. [...] À l'Internationale de la misère, vous entendez opposer l'Internationale du cœur » (Colombani, 2019, p. 154). Blanche a réalisé son rêve et trouve enfin une réponse à la question : « Et vous, qu'allez-vous faire de votre vie ? » :

> Il lui semble que la réponse est là, entre les murs de ce foyer, dans cette forteresse dédiée aux femmes déshéritées. Elle pense à toutes celles qui, un jour, trouveront refuge ici et seront sauvées. [...] Son visage porte l'empreinte des batailles livrées, des larmes répandues, des déceptions subies, de l'ingratitude et du mépris dont il a fallu triompher. Blanche est debout dans son Palais, épuisée mais en vie, honorée de cicatrices et chargée de trophées. (Colombani, 2019, p. 205)

Dans ce contexte de reconnaissance, la date de « 1931 est aussi à souligner, l'Association des Œuvres françaises de Bienfaisance de l'Armée du Salut est déclarée d'utilité publique. L'organisation est unanimement reconnue » (Colombani, 2019, p. 207). Blanche, après une vie de combat, est décédée le 21 mai 1933. La cérémonie funèbre aura lieu au Palais de la Femme de Paris, elle y recevra tous les honneurs des autorités nationales.

C'est à ce grand projet qu'aujourd'hui Solène va redonner vie. Née dans un milieu aisé, elle a quarante ans et souffre à la fois d'un surmenage professionnel et d'une rupture amoureuse. Orientée par son psychiatre, elle éprouve le besoin de retrouver un projet et de se donner un but. Alors qu'elle est sur le point de quitter son travail au Palais de justice, elle s'interroge : devrait-elle faire du bénévolat ? Penser aux autres ? Donner quoi aux autres ? « Offrir son temps, c'est s'engager vraiment », se dit-elle (Colombani, 2019, p. 21). Dans son désir de tout recommencer, elle découvre une petite annonce qui propose un poste d'écrivain public. Elle songe à son rêve d'adolescente, celui de devenir écrivaine, mais ses parents l'ont poussée vers les études de droit pour qu'elle se garantisse un avenir professionnel solide. Malheureusement il lui manque aujourd'hui l'essentiel, même si elle a une belle carrière et un bel appartement (Colombani, 2019, pp. 23–24).

Finalement, Solène se présente au poste et est admise. La mission qui lui est proposée l'envoie dans un foyer pour femmes en difficulté : « Il s'agit d'assurer une permanence d'une heure par semaine afin d'aider les résidentes dans leurs travaux de rédaction » (Colombani, 2019, p. 29). Elle pressent qu'elle ne répond pas vraiment au profil exigé : « Elle craint de ne pas être assez forte pour affronter cela. Elle a grandi loin de la misère, dans un environnement protégé » (Colombani, 2019, p. 40). Le jour arrivé, Solène se rend au Palais de la Femme, où elle est reçue par la directrice, une femme d'une quarantaine d'années, qui lui décrit le cadre de sa mission :

> Les femmes du Palais ont toutes des parcours singuliers. Il faut savoir gérer les personnalités, apaiser les conflits. Les différences culturelles créent des tensions. Elles sont souvent en rupture avec leur milieu, leur famille. Il faut les aider à se relever, à renouer avec la société. Vivre ensemble est une belle idée, mais sur le terrain, les choses sont parfois compliquées. (Colombani, 2019, p. 44)

Ces femmes sont « en situation administrative complexe » (Colombani, 2019, p. 46), c'est-à-dire *sans papiers*. Plus de 400 personnes résident là, tandis que 57 travailleurs sociaux, éducateurs, agents d'entretien, employés administratifs, comptables et techniciens sont affectés à l'établissement, véritable tour de Babel où se mêlent toutes les religions, toutes les langues, toutes les traditions. Or le plus important est que les femmes y aient un toit et s'y sentent protégées, elles qui « manquent de tout, d'argent, d'affection, de liens, d'éducation » (Colombani, 2019, p. 56). « Toutes ont connu une forme de précarité. Toutes savent de la violence, l'indifférence. Toutes se tiennent à la lisière de la société » (Colombani, 2019, p. 49).

Peu à peu, Solène, éprouve une forte crise d'identité. Elle se sent interpellée par la précarité et trouve sa place au Palais. Elle éprouve de l'indignation envers les situations qu'elle découvre. Elle constate à partir d'une enquête que les femmes représentent 70 % de la pauvreté dans le monde. En aidant les femmes dans leurs demandes d'écriture, elle perçoit « des victoires » et « cette victoire-là lui procurait un sentiment différent », elle sait qu'elle est « au bon endroit et au bon moment » (Colombani, 2019, p. 73). Elle est finalement acceptée par ces femmes qui méritent d'être connues et de prendre la parole. Ce sont des petites histoires individuelles qui donnent vie à l'Histoire contemporaine.

C'est ainsi qu'elle va rencontrer un échantillon humain très varié auquel nous consacrons par la suite notre attention. Le portrait de ces femmes est fort illustratif de la société que nous habitons. Cvetana, d'origine serbe, a eu une « une vie âpre, abîmée, maltraitée, marquée par la guerre, les abus et la prostitution » (Colombani, 2019, p. 75). Viviane, âgée de cinquante-sept ans, la femme tricoteuse a souffert la violence conjugale, maltraitée par son mari pendant vingt ans. Elle tricote pour gagner sa vie et oublier son passé (Colombani, 2019, p. 77). Binta, surnommée Tata, et sa fille Sumeya ont vécu l'exil de leur pays, la Guinée, où

96 % de la population féminine subit la mutilation génitale. Si bien que Tata s'est sauvée, abandonnant son fils au pays. Elle aura pour toujours le cœur partagé : « Elle est arrivée au Palais il y a un an, après des mois de voyage éreintants. Pour elle, en revanche, la vie s'est arrêtée. De ce qu'elle a vécu, on ne se remet pas. Elle est amputée d'une partie d'elle-même, au sens propre comme au figuré. Son cœur est coupé en deux, écartelé entre l'Afrique et les murs du Palais » (Colombani, 2019, p. 89). Salma, elle a fui la guerre d'Afghanistan, son « savoir est expérientiel », d'après la directrice du Palais (Colombani, 2019, p. 111). Résidente au Palais depuis dix ans, elle est aujourd'hui employée, elle est la gardienne du Palais. Elle accueille, oriente, écoute, comme elle a été accueillie, orientée et écoutée. Elle comprend les tourments de l'errance, la précarité, le déracinement :

> Elle raconte comment, dans son pays, les femmes sont dépossédées de leur identité [...]. Les Afghanes n'ont pas d'existence propre dans l'espace public. Cette tradition persiste notamment dans les campagnes, où vivent les trois quarts de la population. Partout, les femmes luttent pour la reconnaissance de leur identité. Elles clament leur droit à exister. Ici, Salma n'est la fille ni la sœur de personne. Elle est simplement elle, Salma. Elle tient debout toute seule, et cela lui plaît. Elle se sent reconnaissante envers ce pays qui l'a adoptée. (Colombani, 2019, p. 111)

Zhora, femme de ménage et la plus ancienne employée du Palais, après quarante ans de service, va partir à la retraite : « Elle connaît tout le monde ici et recueille les confidences de chacune. Elle parle peu, mais elle sait écouter. Zohra dit qu'avec toutes les larmes qu'elle a vues couler, elle pourrait remplir une piscine. Elle sait toujours apaiser les conflits » (Colombani, 2019, p. 110). Elle représente les femmes de son pays dépossédées de leur identité et est reconnaissante envers ce pays qui les a adoptées.

Cynthia, qui a été abandonnée au moment de sa naissance, a grandi dans des foyers et des familles d'accueil. Son chagrin, nul ne peut l'apaiser et malheureusement en finit avec sa vie. Son suicide va bouleverser Solène : « La mort de Cynthia c'est l'échec de toute la société. Celui des foyers d'accueil et des éducateurs, de tous ceux qu'elle a croisés au cours de sa brève existence. Malgré les efforts des uns et des autres, personne n'a su l'aider, la tirer des sables mouvants dans lesquels elle s'enfonçait, lentement » (Colombani, 2019, p. 186).

Iris, une femme délicate de trente ans, a connu la maltraitance et la prostitution. Elle arrive au foyer grâce à une assistante sociale, son Ange : « Elle commence à penser qu'elle a un avenir et que la vie lui réserve autre chose que la souffrance et le rejet » (Colombani, 2019, p.

158). Renée, quant à elle, habite au foyer depuis une quinzaine d'années. Sans abri, elle a été violée cinquante-quatre fois. Elle se souvient souvent de « ces années cruelles, elle évoque le manque, le froid, l'indifférence, la violence. Dehors, on vous prend tout, dit-elle, votre argent, vos papiers, votre téléphone, vos sous-vêtements » (Colombani, 2019, p. 173). C'est ici qu'elle a un toit et qu'elle se sent accompagnée « dans ce long réapprentissage en forme de rééducation » (Colombani, 2019, p. 173). Plus personne ne l'éveille la nuit à coups de pied pour la violer. Entre les murs du Palais, elle tente de retrouver sa dignité. Quant à Lily, qui a vingt ans au moment de la narration, elle représente ce que les sociologues appellent « les 3 n » : « ni emploi, ni enseignement, ni formation » (Colombani, 2019, p. 197). Mais elle se sent intégrée : « Dernière arrivée au Palais, elle a trouvé un toit, un refuge, un abri. Son errance est terminée. Maintenant, sa vie peut commencer » (Colombani, 2019, p. 219).

Et parmi ces femmes, il y a Solène, personnage principal de cette fresque sociale, qui apprend qu'au Palais la vie est à réinventer chaque jour. Elle est fière du grand défi auquel elle s'est confrontée : une « plume de colibri » au service de ces femmes que la vie a malmenées et qui gardent la tête haute :

> C'est sans doute la tâche la plus difficile qui lui ait été confiée. Elle n'avait pas saisi jusqu'alors le sens profond de sa mission : *écrivain public*. Elle le comprend seulement maintenant. Prêter sa plume, prêter sa main, prêter ses mots à ceux qui ont besoin, tel un passeur qui transmet sans juger. Et passeur, voilà ce qu'elle est. (Colombani, 2019, p. 114)

Solène commence à écrire, elle donne réponse aux besoins divers des résidentes : des lettres, des prises en charge, des communications officielles, elle s'insinue dans l'expression de leurs sentiments intimes :

> Tandis qu'elle écrit, un étrange phénomène se produit. Solène devient Binta. Elle devient Khalidou. Comme si, de ce courrier, elle était à la fois l'expéditeur et le destinataire, mêlés. C'est un drôle de sentiment, qu'elle ne connaissait pas. Celui d'être gagnée par la vie des autres, envahie, habitée. Ce n'est pas elle qui tient la plume. Il lui semble que quelqu'un se penche sur son épaule et lui souffle le contenu de la lettre. Les phrases roulent, limpides, évidentes, elles se succèdent et s'enchaînent dans une étonnante fulgurance. Les mots lui viennent sous la dictée d'une muse invisible, d'une entité plus grande qu'elle. (Colombani, 2019, p. 115)

Elle prend ainsi en charge une autre mission, celle d'écrire pour la société en faveur des femmes inconnues. Elle trouve sa vraie mission, elle s'indigne face aux injustices. Elle montre le sens profond de la démocratie et de la citoyenneté en Europe où l'aporophobie (Cortina, 2017) – le mépris des faibles et des démunis – s'instaure silencieusement. Le narrateur nous raconte la naissance d'un projet qui jadis a changé la vie de femmes et qui aujourd'hui est encore vivant :

> Dans quelques années, le Palais fêtera son premier siècle. Cent ans au cours desquels il n'a jamais failli à sa mission : offrir un toit aux exclues de la société. Il a pris l'eau parfois, mais il est là, tel un phare dans la nuit, une forteresse, une citadelle. Solène est fière de faire partie de son histoire. Cet endroit l'a sauvée, elle aussi. Il l'a aidée à se relever. Elle va bien aujourd'hui. Elle se sent utile, en paix. À sa place, pour la première fois de sa vie. (Colombani, 2019, p. 217)

En hommage à Blanche, cette femme oubliée, et à toutes ces victorieuses anonymes qui ont refusé la résignation :

> Plus tard, Solène fera des recherches et découvrira l'histoire de cette femme dont l'Histoire a effacé le nom. Une femme qui s'est battue, il y a presque cent ans, pour que d'autres femmes aient un toit. Solène sentira alors un étrange courant la traverser. Elle se dira qu'il est temps de se mettre au travail, d'écrire enfin ce roman. Elle racontera la vie de Blanche, son œuvre et son combat. Elle ne manquera pas d'inspiration. Les mots viendront d'eux-mêmes dans son filet à papillons. […] Maintenant, sa vie peut commencer. (Colombani, 2019, pp. 218–219)

4. Conclusion

Dans le panorama des écrivaines francophones interculturelles qui constituent le tissu de notre recherche (Alfaro et Mangada, 2014 ; Alfaro, Sawas et Soto, 2020), l'édifice scriptural de Laetitia Colombani nous montre deux itinéraires de courage exemplaires et nous donne les clés nécessaires afin d'éveiller la conscience interculturelle. Un tel projet littéraire peut parfaitement s'encadrer dans le Programme 2030 pour le développement durable, adopté par l'Assemblée générale des Nations Unies le 25 septembre 2015, signé par 193 pays et articulé autour de 17 objectifs pour l'humanité et la planète et 169 cibles connexes (ONU, 2015).

Dans son ensemble, cet agenda mondial 2030 a comme objectif de relever le défi du développement, d'un point de vue économique, social et environnemental. Les Objectifs de Développement Durable (ODD) 4 et 5 sont au cœur de notre réflexion dans la mesure où ils favorisent l'éducation inclusive et l'intégration des femmes et des filles à l'échelle globale. D'un autre point de vue, les ODD 10, 11 et 16 enrichissent notre angle d'étude en pointant plus particulièrement la réduction des inégalités (ODD 10) et en soulignant l'importance de la construction de villes et d'établissements humains inclusifs, sûrs, résilients et durables (ODD 11) ainsi que la promotion de sociétés pacifiques ayant accès à la justice et aux institutions efficaces et responsables (ODD 16).

Concernant la situation des femmes à l'échelle mondiale, le rapport d'ONU Femmes, publié en 2018 (ONU, 2018), développe le programme des ODD dans un texte intitulé *Concrétiser les promesses : l'égalité des sexes dans le Programme 2030*. Ce document expose la pertinence de l'attention portée à la diversité d'après les Objectifs de développement durable et attire l'attention sur le changement de paradigme auquel nous devons contribuer. Pour inventer le futur, il faut avoir la capacité de saisir l'importance du moment (Mayor Zaragoza, 2021).

D'après Colombani elle-même – parmi d'autres écrivaines significatives venues d'ailleurs et illustratives de l'importance de l'entre-deux ainsi que de l'analyse portée sur ses personnages dans le roman *Les Victorieuses* –, le monde dans lequel nous vivons est asymétrique et inégal. Nous avons un rôle important à jouer, en tant que chercheurs et citoyens : nous devons nous sensibiliser et sensibiliser les générations actuelles à la nécessaire transformation du monde dans lequel nous vivons (Aguado, 2005). Se référant à la force résiliente de la mémoire couplée à l'oubli, Antoine Lejeune et Michel Delage (2017, pp. 232–233) nous rappellent qu'après avoir vécu des situations de traumatisme un chemin de performance et de créativité reste possible. Résister et créer ont représenté l'idéal de nos deux femmes issues de la fiction : Blanche et Solène, deux femmes, deux références à suivre qui déclenchent en nous l'admiration et notamment le courage à transmettre leur héritage.

Références bibliographiques

Aguado Odina, T. (2005). *Pedagogía intercultural*. Madrid : McGraw-Hill.

Albaladejo, T. (2012). Literaturas europeas e interculturalidad. Dans M. Alfaro, Y. García et B. Mangada (dir.). *Paseos literarios por la Europa intercultural*. Madrid : Calambur, coll. « Ensayo », pp. 13–20.

Alfaro, M. et Mangada, B. (2014). *Atlas literario intercultural. Xenografías femeninas en Europa*. Madrid : Calambur, coll. « Ensayo ».

Alfaro, M., Sawas, S. et Soto, A. B. (2020). *Xénographies féminines dans l'Europe d'aujourd'hui*. Bruxelles : Peter Lang.

Colombani, L. (2017). *La Tresse*. Paris : Grasset.

Colombani, L. (2019). *Les Victorieuses*. Paris : Grasset.

Colombani, L. et Pollet, C. (2019). *La Tresse ou le voyage de Lalita*. Paris : Grasset Jeunesse.

Colombani, L. (2021). *Le Cerf-volant*. Paris : Grasset,

Colombani, L. et Pollet, C. (2021). *Les Victorieuses ou le palais de Blanche*. Paris : Grasset Jeunesse.

Cortina, A. (2017). *Aporofobia, el rechazo al pobre: un desafío para la democracia*. Barcelona : Paidós.

Ducomte, J.-M. (2004). *L'Europe, le cheminement d'une idée*. Toulouse : Milan.

Hessel, S. (2010). *Indignez-vous !* Montpellier : Indigène.

Lejeune, A. et Delage, M. (2017). *La mémoire sans souvenir*. Paris : Odile Jacob.

Mayor Zaragoza, F. (2021). *Inventar el futuro*. Madrid : Rute.

Miano, L. (2022). *Stardust*. Paris : Grasset.

North, X. (2006). *Une nouvelle approche du plurilinguisme en Europe. L'intercompréhension*. Paris : Ministère de la Culture et de la Communication.

ONU, Asamblea General (2015). Transformar nuestro mundo: la Agenda 2030 para el Desarrollo Sostenible. *Organización de Naciones Unidas*. http.//nacionesunidas.or.cr/dmdocuments.pdf

ONU, Mujeres (2018). Hacer las promesas realidad: la igualdad de género en la Agenda 2030. *Organización de Naciones Unidas*. www.unwomwn.org/sdg-report

Puig, X. (2017). Una mirada mediterránea sobre los males de la Europa social. Dans V. Climent, F. Michavila et M. Ripollés (dir.). *Los males de la Europa social : buscando soluciones*. Madrid : Tecnos, pp. 54–66.

Partie II

Maghreb et Afrique

Chapitre 3

L'écriture-femme et l'autofiction dans Assia Djebar

MARIA SPIRIDOPOULOU
Université nationale et capodistrienne d'Athènes

1. Données théoriques de l'écriture-femme

Le parcours opératoire et l'époque héroïque du courant différentialiste s'étendent de 1975 à 1985 et théorisent l'écriture féminine par l'injonction adressée aux femmes de s'écrire. L'objectif fondamental des féministes telles les philosophes Hélène Cixous, Luce Irigaray, Annie Leclerc serait de s'opposer aux égalitaristes comme Simone de Beauvoir et de promouvoir une théorie de l'écriture qui transformerait « le stigmate de l'appartenance sexuée en emblème d'une innovation esthétique » (Naudier, 2002, p. 57). La célébration du corps de la femme et de ses fonctions constitue la thématique subversive de textes littéraires produits par un groupe limité d'écrivaines françaises qui étaient en grande partie des philosophes. Toutefois, bien que cette production littéraire ait été à la fois innovante et troublante, l'écriture-femme, l'écriture des femmes (Naudier, 2002, p. 66) est restée à un « état embryonnaire » (Naudier, 2002, p. 71) et n'a pas eu le même retentissement que sa théorisation. Ainsi, « cette écriture de femme [...] a été foncièrement associée à la valorisation exacerbée de la thématique du corps de la femme et de sa jouissance sexuelle » (Spiridopoulou, 2021, p. 162). Les prétendues coordonnées théoriques de cette écriture féminine, ne constituant ni une vision globale ni un monisme, s'étendent au-delà de l'impératif de la notion du corps et présentent bien d'autres problématiques telles que les propriétés d'un texte au féminin et les contours de l'identité du sujet écrivant. Ces deux thématiques peuvent aisément déplacer notre attention de la prépondérance de l'écriture féminine corporelle à une écriture mouvante et protéiforme et à la dynamique scripturale d'un soi-disant sujet au féminin. Or cette mise en lumière se rattache à notre sujet d'étude, les avatars du moi d'Assia Djebar qui font ressortir sa propre écriture-femme dans son roman *L'amour, la fantasia* et qui sont étroitement liés à son univers autofictionnel.

Si nous examinons de près le premier écrit incontournable datant de 1975 sur ce fameux concept d'écriture de femme, *Le Rire de la Méduse*, nous relevons que c'est le texte lui-même qui peut être consubstantiel au corps et s'y identifier à la suite de l'apostrophe « Texte, mon corps » (Cixous, 2010, p. 48), alors que la pratique féminine de l'écriture reste pour autant indéfinissable et indéchiffrable, « ce qui ne signifie pas qu'elle n'existe pas » (Cixous, 2010, p. 48). Cette écriture dont les contours ne sont pas discernables se présente comme un vœu, une aspiration à mettre en œuvre qui « ne peut aussi que se poursuivre » (Cixous, 2010, p. 48). Dans le deuxième texte de Cixous (1976, p. 14), *Le sexe ou la tête ?*, nous détectons d'autres qualités du texte au féminin qui contribuent à sa désignation comme nouveauté absolue résidant pour autant dans une pratique transgressive et troublante : outre à se présenter « comme errance » et « comme débordement », il a un caractère incalculable, imprédictible, inconnaissable et inconnu qui se soustrait même à lui-même si bien que « la féminité s'écrit dans la non-anticipation : c'est vraiment le texte de l'imprévisible » (Cixous, 1976, p. 14). La liberté totale de cette écriture à échapper à toute prévision, à toute forme, à toute structure prédéterminée et bien définie par avance s'accorde avec une « autre » organisation verbale qui s'affiche comme épanouissement et irradiation vers toute direction. Le discours de ce texte ne peut être ni hiérarchisé, ni monolithique, ni linéaire esquivant toute finalité et toute causalité : « Un corps textuel féminin se reconnaît au fait que c'est toujours sans fin [...], ça ne se termine pas [...] ça ne finit pas, un texte féminin, ça se poursuit » (Cixous, 1976, p. 14). En fuyant toute linéarité, il se présente lui-même en fuite, flexueux, au mouvement « qui n'est pas le chemin tracé droit » (Cixous, 1976, p. 14), se dépliant dans un espace indéfini et de manière incommensurable, accueillant « les ruptures, les parties, les partitions, les séparations » (Irigaray, 1977, p. 129). La discontinuité, la perméabilité et l'infinitude du texte au féminin sont des traits fondamentaux de l'écriture-femme, étroitement liés au manque de corrélation et de conséquentialité, qui la préservent de toute limite, de toute clôture et de toute barrière logique. Il s'agit donc d'un texte qui « commence de tous les côtés à la fois, ça commence vingt fois, trente fois » (Cixous, 1976, p. 14), ce qui nous ramène à un arrangement qui brouille l'ordonnance cartésienne et l'unidirectionnalité. Ce texte se caractérise par « une autre "logique" que celle qu'impose la cohérence discursive », une logique qui « se refuserait à toute fermeture ou circularité du discours, à toute constitution d'arché ou de télos » (Irigaray, 1977, p. 149). Par conséquent, la spécificité de cette écriture aléatoire et risquée, ouverte et audacieuse se rattache à un sujet énonciateur, la femme, qui, comme le constate Irma Garcia (1981, p. 148), « montre en général une réelle répugnance à donner forme précise et méthodique à son écriture, comme si le féminin fuyait entre les pages ».

Le parler-femme implique une voix où « le un n'y serait plus privilégié » (Irigaray, 1977, p. 132), abolissant l'unicité du moi et l'énonciation de sa vérité absolue. Dans cette venue à l'écriture, la notion du personnel se rétrécit et recule afin de « faire advenir les femmes à leur(s) sens et leur histoire » (Cixous, 2010, pp. 37–38). Cette ouverture et cette irradiation vers les autres femmes impliquent une écriture-voix qui déborde le sujet et qui n'embrasse pas forcément un discours unitaire et personnel mais plutôt collectif et historicisé : « Elle dé-pense l'histoire unifiante, ordonnatrice qui homogénéise et canalise les forces […]. En la femme se recoupe l'histoire de toutes les femmes, son histoire personnelle, l'histoire nationale et internationale » (Cixous, 2010, p. 49). Ainsi, cette voix devient scripteuse d'autres voix féminines et se dérobe à toute identification monolithique et à tout sujet cohérent, fort et certain. Le soi-disant sujet féminin « s'étend et se multiplie » (Cixous, 2010, p. 60) et cette multiplicité du féminin rompt avec « l'unification, l'identification de l'individu » en mettant en avant par son écriture pluraliste « ses autres, sa quantité de non moi/s » (Cixous, 1976, p. 14). Ainsi, ce sujet ne peut pas être simplement *un* du moment que les propriétés d'échangeabilité et de pluralisation lui sont consubstantielles : « La femme resterait toujours plusieurs. Elle s'échange en elle-même sans cesse avec l'autre sans identification possible de l'une ou l'autre » (Irigaray, p. 30). Si cette voix qui réside dans l'écriture-femme échappe à toute catégorisation classique concernant l'uniformité et l'identification ainsi qu'à toute logique d'un moi stable, circonscrit et fixe, comment peut-on la définir en termes identitaires ? Et le sens de son parler serait-il univoque et saisissable ? Certes, les propriétés qui l'ont circonscrite jusqu'à présent ne portent pas sur une identité immuable issue d'un sujet aux coordonnées homogènes. Cette identité se pluralisant « est indéfiniment autre en elle-même » (Irigaray, 1977, p. 28), ce qui entraîne une subjectivité changeable, en voie de transformation malgré la permanence d'un certain noyau initial. Elle possède un « don d'altérabilité » (Cixous, 2010, p. 61) qui s'associe avec sa capacité de pouvoir s'écrire, s'écouter et se poursuivre tandis que son parler est doté d'un autre sens qui est « toujours en train de se tisser, de s'embrasser avec les mots, mais aussi de s'en défaire pour ne pas s'y fixer, s'y figer » (Irigaray, 1977, p. 28). Le moi de cette identité se présente donc comme fuyant et la voix de la femme ne sera « pas identique à soi ni à un x quelconque » (Irigaray, 1977, p. 109) mais sera toujours à définir et à se définir, toujours à changer et à se changer, toujours à saisir et à se saisir. Si le parler de la femme est fluide et que « ce qu'elle émet est fluent, fluctuant. Flouant » (Irigaray, 1977, pp. 110–111), cela nous ramène à une identité qui se transforme sans cesse et qui n'est jamais parfaitement définitive étant donné qu'elle découle d'un moi qui prime la différence et l'altérité et se manifeste par le biais d'une écriture détournée, fragmentaire et non structurée.

Les données théoriques issues des écrits des philosophes féministes nous ont permis de mettre en évidence un sujet féminin à l'identité mouvante et déterminée par son devenir et son incessante métamorphose émergeant d'une écriture ouverte, errante et dépourvue de contraintes structurelles et discursives, l'écriture-femme. Notre article vise à montrer à présent comment le soi-disant roman d'Assia Djebar, *L'amour, la fantasia* (1985), est une autofiction qui réactualise la notion de l'écriture féminine en mettant en évidence une identité souple qui s'oppose au moi fort, certain, stable, au noyau dur.

2. L'univers autofictionnel de Djebar et ses avatars

Les écrits des féministes françaises incitent les femmes à exprimer leur moi et à dévoiler leur subjectivité, ce qui ne peut pas advenir sans entraves et sans résistance pour l'écrivaine Assia Djebar de culture et d'origine maghrébines. En effet, à la question de Monique Gadant (1989) « N'avons-nous pas toutes et tous la permission de dire "je" ? », la réponse est négative lorsqu'il s'agit du Maghreb où l'expression personnelle par le surgissement du « je » est interdite même dans les années 1980 touchant les deux sexes tant dans la vie courante que dans les œuvres littéraires : « L'intime et surtout ce qui touche à la famille et à la relation entre les sexes, à l'amour y est voilé avec une pudeur extrême » (Gadant, 1989, pp. 93–94). La transgression de cette règle est encore plus audacieuse dans le cas d'une femme qui ne peut ni parler de soi en public en termes personnels en tant qu'individu concret ni écrire et se montrer, faute de quoi elle porterait atteinte à l'honneur des pères et des frères. Tout en étant reléguée à l'espace privé, à l'anonymat et au voilement de sa subjectivité, comme toute femme algérienne, Djebar décide de s'écrire et d'entreprendre sa venue à l'écriture autobiographique. Ainsi, elle fait face à ce double interdit en 1985 dans *L'amour, la fantasia*, où elle se tourne alors vers une écriture personnelle en français qui lui permettra pour autant de « prendre une distance inévitable » (Djebar, 1996, p. 78). En plus d'exprimer sans détour la nécessité de distanciation dans sa première tentative de quête identitaire, Djebar exprime également l'écart psychologique ressenti à l'égard du français, sa « langue marâtre » (Djebar, 1985, p. 240). Cette réticence à dire expressément des événements de sa vie, à s'exposer en exposant son vécu s'oppose fortement à l'impulsion qui s'empare d'elle-même et à son désir de s'écrire, s'identifiant à une résistance « à cette poussée de l'autobiographie » (Mortimer, 1988, p. 203). Djebar est bien consciente du fardeau socio-culturel et de la barrière linguistique qui lui incombent et l'exprime en termes clairs : « Je résiste peut-être parce que mon éducation de femme arabe est de ne jamais parler de soi, en même temps aussi parce que je parlais en langue française » (Mortimer, 1988, p. 203).

« L'entreprise autobiographique – si c'en est une – s'entoure de protections » (Ruhe, 1998, p. 161) et Assia Djebar arrivera à obvier aux inconvénients mentionnés ayant recours à des stratégies narratives et structurelles qui recontextualisent cette écriture de soi en la plaçant dans le terrain vague de l'autofiction, en mélangeant le fictionnel et le référentiel, le personnel et le collectif, le récit et l'histoire. Tout d'abord, l'écrivaine signe *L'amour, la fantasia* par son nom de plume et le qualifie comme roman en essayant de cette manière de détacher plus que possible son œuvre de la catégorisation générique de l'autobiographie. Ensuite, elle croise deux discours différents à l'intérieur du même tissu narratif, le discours autobiographique et le discours historique qui dialoguent entre eux et coexistent dans une sorte de composition polyphonique. Le discours historique à son tour est bifurquant, se divisant en récits relatifs à la conquête d'Alger en 1830 et en récits qui relatent la guerre de résistance de 1954–1962 contre la colonisation française ; ces derniers présentent les héroïnes silencieuses et humiliées qui étaient mortes dans les scènes d'affrontement algéro-français oubliées.

Or, dans sa tentative de mettre en lumière la participation féminine dans la lutte anticoloniale, Djebar a recours au récit oral des Algériennes traditionnelles en mêlant le *je* auctorial, le *je* de ses souvenirs et le *je* des femmes révoltées. Ainsi, dans le prélude intitulé « Fillette arabe allant pour la première fois à l'école » affirme-t-elle : « À dix-sept ans, j'entre dans l'histoire d'amour à cause d'une lettre. [...] J'ai fait éclater l'espace en moi, un espace éperdu des cris sans voix, figés depuis longtemps dans une préhistoire d'amour » (Djebar, 1985, pp. 12–13). Elle anticipe de cette manière sa propre souffrance à l'égard de son mutisme et de son histoire occultée, ainsi que sa volonté de s'en débarrasser en conquérant son propre espace. Ensuite, dans le récit du débarquement de l'Armada française datant du 13 juin 1830, au caractère de document historique, le *je* auctorial se montre intentionné à s'y introduire, à manifester sa présence, à se poser des questions relatives à la réaction du peuple, à interférer dans le déroulement de cet épisode ainsi que dans les autres qui suivent :

> À mon tour, j'écris dans sa langue, mais plus de cent cinquante ans après. Je me demande, comme se le demande l'état-major de la flotte, si le dey Hussein est monté sur la terrasse de sa Casbah, la lunette à la main. [...] Je m'imagine, moi, que la femme de Hussein a négligé sa prière de l'aube et est montée sur la terrasse. (Djebar, 1985, p. 16)

Par surcroît, dans les chapitres inhérents aux voix de femmes qui relatent leur engagement contre les colons et leur soutien aux maquisards, on retrouve des récits à la première personne qui font émerger de l'ombre des témoignages précieux et qui consolident cette volonté à la fois de fusion et de dissémination d'un *je* relevant du partage et d'un signe de solidarisation : « La "révolution" a commencé chez moi, elle a fini chez moi, comme peuvent en témoigner les douars de ces montagnes ! » (Djebar, 1985, p. 166). Dans cette amplification du *je* qui embrasse toutes les voix ensevelies dans le passé lointain de même que dans celui plus récent, le *je auctorial* se fonde avec le *je* d'une femme simple et analphabète qui subit l'arrestation et la prison et qui perd tout au prix de la liberté : « Au début, je possédais trente et une vaches... À la fin, je ne gardai pas une seule tête ! Les soldats m'ont tout pris ! Ma ferme fut brûlée trois fois » (Djebar, 1985, p. 170). Par ailleurs, le *je* du personnage s'alterne avec le *nous* qui parle au nom de toute femme inculte, rurale et pauvre et qui s'adresse en même temps à un *tu* inconnu, paraît-il, d'une écouteuse qui assume le rôle du témoin :

> Hélas ! Nous sommes des analphabètes. Nous ne laissons pas de récits de ce que nous avons enduré et vécu !... Tu en vois d'autres qui ont passé leurs temps accroupis dans des trous, et qui, ensuite, ont raconté ce qu'ils ont raconté !

Ils ne nous ont rien laissé : ni le bétail ni les réserves des silos, rien. Même pas une chèvre ! Ils ne nous ont rien laissé... (Djebar, 1985, p. 168)

Ce *nous* est mis en scène en tant que marque de sororité et signe de voix multipliées dans un univers narratif qui s'oppose au discours mono-lithique et prime la pluralité et la polyphonie. Or c'est ce mélange qui aide Assia Djebar à affronter aussi son propre récit de vie, comme elle le précise : « Cette structure en "fantasia"[1] me permettait d'entrelacer ma propre voix avec les voix des autres femmes. Cela m'a donné un peu de courage pour parler de moi, intimement » (Mortimer, 1988, p. 203).

L'écrivaine-narratrice ose donc dévoiler des épisodes de sa vie et faire ressortir des souvenirs d'enfance et d'adolescence par une voie détournée et, dissimulée dirais-je, grâce à un contenu hétérogène et disparate qui se déploie sur deux plans historiques et sur un plan personnel. En plus, au fil de la narration l'instance narrative se multiplie et se complexifie par l'apparition de différents *je* qui se confondent et se fondent et par l'alternance de différentes voix narratives qui abolissent les frontières entre la fiction et l'intime. La superposition du projet collectif au projet personnel, de l'histoire au vécu est une échappatoire utilisée par Djebar dans le but d'éviter à tout prix une écriture transparente et une « mise à nu ». L'interrogation harcelante se poursuit et résonne à l'intérieur de la narration : « Comment dire "je", puisque ce serait dédaigner les formules-couvertures qui maintiennent le trajet individuel dans la rési-gnation collective ?... Comment entreprendre de regarder son enfance, même si elle se déroule différente ? » (Djebar, 1985, p. 177)

Notion subtile à définir et fluctuante, l'autofiction s'associe au refus qu'un auteur exprime à l'égard de l'autobiographie classique et des contraintes de clarté. L'autobiographie exige un discours linéaire et homo-gène qui met en évidence une vision rétrospective du sujet parlant, une organisation verbale du passé selon une logique causale *a posteriori* ainsi que le récit d'une vie dans son entier ; en revanche, l'autofiction s'enrichit

---

[1] Djebar explique ce qu'est la fantasia dans un entretien : « C'est une référence à la sonate de Beethoven, bien que la *fantasia* en allemand veuille dire comme une "fan-taisie" et non pas la *fantasia*. Qu'est-ce que c'est la *fantasia* ? Ce sont des cavaliers qui s'initient à la guerre par le jeu de la guerre. Ces cavaliers ont de la poudre. Dans la *fantasia*, vous avez un premier galop de cavaliers qui courent, courent, courent. À un certain moment, ils tirent en même temps. Une fois qu'ils sont partis, le deu-xième galop va se faire plus vite, et ainsi de suite. Alors, pour moi, mes romans sont un peu comme des galops » (Mortimer, 1988, p. 202).

de ses possibilités multiples et de ses extensions innombrables présentant un ou plusieurs autres *je*, inventant des constructions narratives inusitées, brouillant l'unité organique de l'œuvre, contrariant toute écriture structurée et uniforme. Selon le dire d'Isabelle Grell (2014, p. 69) :

> La seule retranscription fidèle du Je consiste en une écriture fragmentaire, consciente de ses propres lacunes et de ses failles. [...] À travers une esthétique de la déconstruction assumée, l'auteur d'autofictions présente au lecteur une parfaite illustration de l'émiettement et de la dispersion du sujet en mal et en quête d'identité.

La fictionnalisation du soi dans *L'amour, la fantasia* advient principalement par l'éparpillement du *je* vers toute femme algérienne oubliée et effacée et même vers un sujet féminin qui assume le rôle d'ancêtre lorsqu'il énonce son identité située à une grande distance temporelle, invraisemblable et presque mythique : « Une constatation étrange s'impose : je suis née en *dix-huit cent quarante-deux*, lorsque le commandant de Saint-Arnaud vient détruire la zaouïa des Beni Ménacer, ma tribu d'origine » (Djebar, 1985, p. 243). Contre la notion d'identité complète et immuable de Lejeune qui énonce impérativement qu'« une identité est, ou n'est pas » et contre l'aspect *individuel* et *personnel* de l'autobiographie (Lejeune, 1975, pp. 14–15) s'oppose l'identité souple, changeante et multiple du *je* scriptural qui se veut tantôt personnel et tantôt collectif. Par ailleurs, dans cette autofiction djebarienne, même les événements appartenant à son vécu ne sont pas relatés de manière successive et ne sont pas présentés selon un ordre chronologique qui démarrerait dès son enfance et arriverait à l'époque de la publication de son livre, à savoir en 1985. Les souvenirs de la « Fillette arabe dans un village du Sahel algérien » (Djebar, 1985, p. 11) sont intermittents, incomplets, poétisés, condensés dans une tranche de vie qui aboutit à son âge adulte par une simple référence : « Ma fillette me tenant la main, je suis partie à l'aube » (Djebar, 1985, p. 13). La narratrice ne se remémore que certains épisodes de sa vie suivant le surgissement de ses souvenirs de manière incertaine quant à l'exactitude temporelle, marqué souvent par des points interrogatifs : « Était-ce deux, trois années auparavant que Marie-Louise eut un fiancé, un officier de la "métropole" comme on disait ? » (Djebar, 1985, p. 33).

À propos de l'autofiction, Grell (2014, p. 10) met l'accent sur le déroulement épisodique de l'événementiel et sur l'impossibilité de cerner de manière définitive et certaine le moi, ce qui serait de toute façon une utopie même dans l'autobiographie dirais-je : « La vérité du fantasme justifie le pacte paradoxal de l'autofiction, la mémoire n'illustrant plus que des instantanés photographiques étant donné que la connaissance lucide de soi par l'introspection classique n'a plus aucune raison d'être ». Les éléments appartenant à la vie de la narratrice-écrivaine découpent une partie limitée de sa vie et constituent un nombre limité d'unités narratives de l'œuvre par rapport aux autres récits fictionnels. Nous retrouvons dans le roman la fréquentation de l'école coranique, l'école primaire et son accompagnement par le père-instituteur de langue française, son internat français à onze ans pour le cursus secondaire, les épreuves sportives tous les jeudis, les lettres d'amour, son mariage. Dans le chapitre intitulé « L'école coranique » Djebar exprime le sentiment d'euphorie éprouvé lors des activités sportives et contrarié par son désarroi et son épouvante à l'idée que son père pourrait la surprendre en tenue de sport, à savoir en short :

> Dans ce début d'adolescence, je goûte l'ivresse des entraînements sportifs. Tous les jeudis, vivre les heures de stade en giclées éclaboussées. Une inquiétude me harcèle : je crains que mon père n'arrive en visite ! Comment lui avouer que, forcément, il me fallait me mettre en short, autrement dit montrer mes jambes ? Je ne peux confier cette peur à aucune camarade ; elles n'ont pas, comme moi, des cousines qui ne dévoilent ni leurs chevilles ni leurs bras, qui n'exposent même pas leur visage. Aussi, ma panique se mêle d'une « honte » de femme arabe. Autour de moi, les corps des Françaises virevoltent ; elles ne se doutent pas que le mien s'empêtre dans des lacs invisibles. (Djebar, 1985, p. 202)

Ce souvenir déposé au sein du récit est transposé et narrativisé, comme nous pouvons le constater à la suite du dire d'Assia Djebar qui affirme dans un entretien :

> Le jeudi nous allions au stade et de onze ans à je ne sais quel âge, je passais mon temps à faire de l'athlétisme, du basket, etc. Mais si mon père arrivait, brusquement, pour une visite, je n'allais pas au match. Je n'arrivais pas à dire que si mon père me voyait sur un stade avec un short, ce serait le grand drame. Mais un drame intériorisé parce que cela faisait partie de mes coutumes. (Mortimer, 1988, p. 83)

Cette transposition implique que dans l'autofiction ne réside pas une vérité absolue mais plutôt une véracité, une véridicité, une tentative de reconstruire et reconstituer les bribes du passé récurant tout de même à la fictionnalisation du soi.

Malgré ces « éclatements en points-signifiants d'identité » (Irigaray, 1977, p. 150) dans l'univers autofictionnel de *L'amour, la fantasia*, le moi essaie de combler les failles, les déchirures et les lacunes existentielles et mémorielles par l'invention de soi déjouant toute notion d'appartenance et toute forme d'appropriation. Ainsi, le récit réel de la vie de l'écrivaine explorant de manière sélective certaines de ses expériences vécues s'entremêle avec le récit fictif lui donnant l'occasion de devenir une autre ou des autres et d'exprimer un *je* « libéré » de contraintes d'une identité figée et stable. La narratrice avoue sa défaillance de mémoire ainsi que l'impossibilité de s'autobiographier lorsqu'elle affirme : « Ma mémoire s'enfouit dans un terreau noir ; la rumeur qui la porte vrille au-delà de ma plume » (Djebar, 1985, p. 242). À plus forte raison lorsque le *je* auctorial se manifeste impérativement dans la narration sous forme d'intrusion et utilise le mot « fiction » pour définir le projet autobiographique manqué ; de même, quand il prend du recul de son histoire singularisée et personnalisée afin de faire parler les femmes anonymes et de les mettre au proscenium de sorte qu'elles surgissent de l'inexistence : « L'auto-biographie pratiquée dans la langue adverse se tisse comme fiction, du moins tant que l'oubli des morts charriés par l'écriture n'opère pas son anesthésie. Croyant "me parcourir", je ne fais que choisir un autre voile. Voulant, à chaque pas, parvenir à la transparence, je m'engloutis davantage dans l'anonymat des aïeules ! » (Djebar, 1985, p. 243). L'alliage du fictif au personnel émerge encore une fois et place le roman dans le genre métissé de l'autofiction ; par surcroît, le *je* auctorial, dans une sorte de sororité, dévoile sa tâche éthique à l'égard des femmes algériennes claustrées et effacées qui le sollicitent de leur donner voix ; et en même temps ces voix l'écartent de son projet initial, d'où l'interrogatif douloureux d'incertitude quant à la réussite de l'opération : « Ma fiction est cette autobiographie qui s'esquisse, alourdie par l'héritage qui m'encombre. Vais-je succomber ? » (Djebar, 1985, p. 244). Se trouvant à la lisière des deux cultures et deux langues, le français des colons qui fut le « don » de son père afin de la sauver du harem et l'arabe dont elle a été éloignée à cause de la fréquentation de l'école française, Djebar présente sa propre explication de son autobiographie ratée : « J'ai senti que la langue de l'autobiographie, quand elle n'est pas la langue maternelle fait que presque inévitablement, même sans le vouloir, l'autobiographie devient une fiction » (Djebar, 1996a, p. 78).

Béatrice Didier (1981) énonce la possibilité que l'écriture-femme peut remettre en cause la notion du personnage de sorte que « la distinction entre des personnages différents » n'ait pas beaucoup de sens, alors que l'instance narrative se présente comme « une conscience en qui se réfractent la variété du monde, les images et les fantasmes d'une femme et de toutes les femmes » (Didier, 1981, p. 30). Or, dans l'univers autofictionnel de *L'amour, la fantasia*, le moi narratif de Djebar émerge comme une dispersion du sujet dans une multitude de voix au féminin en devenant d'autres moi, moi d'autres femmes, en s'éparpillant vers toute voie et en s'identifiant avec les voies-voix des autres femmes, à savoir des personnages narratifs appartenant à d'autres époques. Par ailleurs, le corps scriptural du roman se révèle être non hiérarchisé, se constituant de parties hétérogènes, désunies et indépendantes, alors que la quête identitaire de Djebar suit cette autre logique de la non-causalité selon les méandres d'une identité mouvante et transformable. Tous ces éléments sont des composantes importantes qui définissent l'écriture-femme et en même temps se présentent comme des stratégies narratives-subterfuges auxquelles a recours l'écrivaine afin de remédier à sa difficulté d'écrire une œuvre autobiographique. Par conséquent, ils remplissent les conditions requises pour qu'on puisse soutenir que dans *L'amour, la fantasia* l'autofiction se croise avec l'écriture-femme, jette une nouvelle lumière sur elle et constitue la terre d'élection de Djebar qui affirme : « L'écriture, se mirant en elle-même par ses courbes, se perçoit femme, plus encore que la voix. Elle souligne par sa seule présence où commencer et où se perdre » (Djebar, 1985, p. 204).

Références bibliographiques

Cixous, H. (2010). *Le Rire de la Méduse*. Paris : Galilée.

Cixous, H. (1976). Le sexe ou la tête ? *Les Cahiers du GRIF*. https://www.per see.fr/doc/grif_0770-6081_1976_num_13_1_1089

Didier, B. (1981). *L'écriture-femme*. Paris : Presses universitaires de France.

Djebar, A. (1995 [1985]). *L'amour, la fantasia*. Paris : Albin Michel.

Djebar, A. (1996), Territoires des langues : entretien avec Lise Gauvin. *Littérature, 101*, pp. 78–87. https://www.persee.fr/doc/litt_0047-4800_1996 _num_101_1_2396

Djebar, A. (1995 [1985]). *L'amour, la fantasia*. Paris : Albin Michel.

Gadant, M. (1989). La permission de dire « je ». Réflexions sur les femmes et l'écriture à propos d'un roman de Assia Djebar, L'amour, la fantasia. *Peuples méditerranéens / Mediterranean Peoples, 48–49*, pp. 93–105.

Garcia, I. (1981). *Promenade femmilière : recherches sur l'écriture féminine.* Paris : Éditions des Femmes.

Grell, I. (2014). *L'autofiction.* Paris : Armand Colin.

Irigaray, L. (1977). *Ce sexe qui n'en est pas un.* Paris : Les Éditions de Minuit.

Lejeune, Ph. (1975). *Le pacte autobiographique.* Paris : Le Seuil.

Mortimer, M. (1988). Entretien avec Assia Djebar, écrivain algérien. *Research in African Literatures, 19*(2), pp. 197–205.

Naudier, B. (2002). *L'écriture-femme, une innovation esthétique emblématique.* Paris : Presses universitaires de France.

Ruhe, E. (1998). Les mots, l'amour, la mort. Les mythomorphoses d'Assia Djebar. Dans A. Hornung et E. Ruhe (dir.), *Postcolonialisme et Autobiographie : Albert Memmi, Assia Djebar, Daniel Maximim.* Amsterdam-Atlanta : Rodopi, pp. 161–177.

Spiridopoulou, M. (2021). La notion de l'écriture féminine et sa représentation littéraire dans *Ombre sultane* d'Assia Djebar. *Francofonie, 38*, pp. 161–176.

Chapitre 4

Léonora Miano: identité afropéenne et écriture de soi

Vassiliki Lalagianni
Université du Péloponnèse

« J'écris dans l'écho des cultures qui m'habitent. »
L. Miano, *Habiter la frontière*, 2012.

En 2021, le prix littéraire Frontières de l'Université de Lorraine a été remis à Léonora Miano, romancière, dramaturge et essayiste, originaire de Douala, au Cameroun et venue en France dans les années 1990. Miano avait déjà reçu des prix littéraires, le prix Louis-Guilloux en 2006 pour son livre *L'intérieur de la nuit* et le prix Goncourt des lycéens pour son roman *Contour du jour qui vient*, le prix Seligmann contre le racisme pour son roman *Écrits pour la parole*, le prix Femina en 2013 et le Grand prix du roman métis pour son roman *La Saison de l'ombre* –pour ne citer que les prix les plus connus –, ce qui lui confère une visibilité et une légitimité dans le champ littéraire. Auteure de plusieurs romans, dont certains adoptent une écriture engagée selon une optique sociale et politique, Miano se préoccupe dans ses œuvres des questions universelles comme celles des identités multiples, de la migrance, de la colonisation, des frontières en Afrique et de la place de ce continent dans le monde. Miano célèbre « l'afropéanité » comme une multi-appartenance qui donne l'accès à une mosaïque de terroirs culturels tout en évoquant les crises de l'identité afropéenne et les aventures de la notion d'« identité transfrontalière ». Dans notre chapitre, nous allons nous interroger sur la notion des Afropéens, leur construction identitaire en situation migratoire et leur expérience d'exil et de migrance surtout à travers le roman autofictionnel *Stardust*, publié en 2022.

Possédant une longue histoire, la création littéraire de langue française au Cameroun est marquée par trois grands mouvements qui correspondraient aux grands moments de l'histoire camerounaise : une période coloniale, caractérisée par le combat et la dénonciation, une période postcoloniale marquée également par la révolte, et une « nouvelle génération », située dans les années 1990 (Cazenave, 2003), qui focalise sur la migration, la crise économique et le statut du continent africain dans le monde. Il s'agit d'une écriture souvent engagée par rapport aux interrogations sociétales et politiques. Mongo Béti, Ferdinand Oyono, Guillaume Oyono Mbia sont parmi les écrivains les plus connus. Tandis que « les écrits des femmes africaines sont restés largement cantonnés aux marges d'un art qui commence seulement maintenant à s'en affranchir » (Hitchcott, 2014, p. 1), au Cameroun les femmes de l'extrême contemporain ont déjà une place importante dans le paysage interculturel francophone : Calixthe Beyala, Léonora Miano, Djaïli Amadou Amal, Jeanne Liliane Mani Mendouga pour n'en citer que quelques-unes, sont parmi les écrivaines africaines de l'extrême contemporain qui ont reçu des prix littéraires et dont l'œuvre occupe la critique africaniste (Mazauric, 2012 ; Hitchcott et Thomas 2014). Cette littérature des écrivaines camerounaises d'expression française est devenue un lieu de revendication identitaire, un espace qui fertilise la notion d'altérité. Appartenant aux « enfants de la postcolonie » (Waberi, 1998, p. 8), Léonora Miano défend les fondements d'une identité transnationale et d'un espace géographique ouvert à travers la création de l'afropéanité, notion qui abolit le schéma bipolaire centre/périphérie, Nord/Sud et invente de nouvelles identités.

1. Cartographies de l'afropéanité

Léonora Miano présente une vision du continent africain et de sa relation symbolique, économique et politique avec l'Occident. Elle scrute l'identité des « Afropéens » ou « Afrodescendants » – « Les Afrodescendants sont des Européens d'ascendance subsaharienne » (Miano, 2012, p. 140) –, notamment dans le recueil de conférences *Habiter la frontière* (2012), le recueil *Afropean Soul et autres nouvelles* (2008) et dans l'essai *Afropea. Utopie post-occidentale et post-raciste* (2021), mais également dans la plupart de ses romans où ce concept et ces réflexions apparaissent. « Par Afropéen, je n'entends pas parler d'une personne qui, comme moi, serait venue en Europe à l'âge adulte. Il s'agit, à l'inverse, de gens dont le vécu est essentiellement européen, que l'on peut définir comme Européens, et qui ont des attaches subsahariennes » (Miano, 2016, p. 55). Cette notion concerne, donc, ceux qui ayant une des nationalités européennes, possèdent une culture européenne et en même temps une culture africaine. Dans l'afropéanité est présent le sens de l'union de l'Europe avec l'Afrique dans le cadre d'une solidarité ignorant les frontières et respectant les différences culturelles. « Ma multi-appartenance est porteuse de sens. Elle rappelle, à ceux qui croient en la fixité des choses, des identités notamment, que non seulement la plante ne se réduit pas à ses racines, mais que ces dernières peuvent être rempotées, dans un nouveau sol. Une plante peut également croiser ses racines avec celles d'une autre, et engendrer un nouvel être vivant », souligne l'auteure (Miano, 2012, p. 25). Sur le plan géopolitique, l'idée d'une union de l'Europe avec l'Afrique remonte au début du XIXe siècle quand le comte Richard Coudenhove-Kalergi avait lancé le concept du « Paneuropa » qui visait l'union des pays européens, ceux-ci étant affaiblis après la Première Guerre mondiale. Cette idée, précurseure de l'Union européenne, comprenait également les colonies africaines des pays européens qui auraient une relation spéciale avec « Paneuropa ». C'était le fameux « projet eurafricain » qui avait occupé le débat politique sur l'Europe unie, jusque dans les années 1960. La notion d'Eurafrique apparaît aussi dans la période de l'entre-deux-guerres, et même après la Deuxième Guerre mondiale ; les fondateurs de l'Europe étaient alors conscients que le meilleur espoir pour l'Europe d'être considérée comme une puissance indépendante dans un monde dominé par les États-Unis et l'Union soviétique était d'accroître sa richesse et de multiplier ses ressources. Le développement de l'Afrique donnait aux nations de l'Europe une « grande opportunité de revigorer leurs entreprises coloniales respectives et donc leur statut de grandes puissances »[1] (Hansen et Jonsson, 2016, p. 80).

Bien que le concept d'Eurafrique fût un produit des comportements coloniaux, il pouvait certainement être approprié à des fins plus progressistes (Hansen et Jonsson, 2016). En dehors du discours économique et géopolitique, beaucoup de dirigeants européens avaient cru à un développement de l'Afrique qui aiderait ses populations à sortir à la fois de la pauvreté et de l'absence d'éducation. Robert Schuman parle d'un « devoir essentiel d'aider le développement de l'Afrique » (Hansen et Jonsson, 2011, p. 454), de même que Guy Mollet, qui souligne, en 1956, qu'« Euroafrica [sera] une association dans laquelle nous travaillerons

---

[1] Toutes les traductions appartiennent à l'auteure du présent article.

ensemble pour promouvoir le progrès, le bonheur et la démocratie en Afrique » (Hansen et Jonsson, 2011, p. 459).

Le projet eurafricain s'est essoufflé dans les années 1960 à cause des mouvements indépendantistes dans les pays africains, du panislamisme, du panarabisme et des guerres d'indépendance dans beaucoup de régions du continent. De plus, des dirigeants africains et des théoriciens de la postcolonialité comme Kwame Nkrumah au Ghana et Séko Touré en Guinée, ont vu dans ce projet le développement d'un néo-colonialisme dangereux pour l'indépendance et l'avenir de nouveaux pays africains (Hansen et Jonsson, 2011, p. 458)[2].

Le personnage afropéen apparaît déjà dans un des premiers romans de Léonora Miano, *Tels les astres éteints* (2008), où Miano refuse les discours hégémoniques et réfléchit sur les frontières et les questions raciales et identitaires en s'exprimant à travers la voix de jeunes Africains habitant le Paris des banlieues pauvres et défavorisées. Elle décrit « les conséquences des rapports Nord/Sud et du modèle du "Françafrique", un terme désignant les réseaux du Nord/Sud qui profitent de l'exploitation des ressources africaines » (Vitiello, 2010, p. 496). L'afropéanité réside dans l'effort de déconstruire et de subvertir les discours dominants à propos de l'Afrique et de ses habitants, mais aussi à propos des Africains de la diaspora.

Évitant les pièges liés à des assignations géographiques, Miano essaie de créer à travers l'afropéanité un sentiment de communauté chez tous les Africains « dépositaires d'un vécu européen » (Miano, 2021, p. 10). Elle essaie de repenser la notion de frontière et d'identité. Elle vise à la disparition des distinctions arbitraires et des barrières entre les ethnies de l'Afrique, en donnant au terme « Afropéen » l'optique et le sens d'une communauté dont les racines se trouvent en Afrique noire. La romancière cherche un terme susceptible d'offrir une vision tenant compte des points qui unissent les Africains subsahariens et les Français d'ascendance subsaharienne, tout en respectant leur héritage culturel. Ainsi, Miano crée une sorte de « communauté imaginée » (Anderson, 1983) dont les membres sont définis par une relation d'appartenance, relation qui serait l'héritage culturel subsaharien.

---

[2]   Sur ce sujet, voir aussi Guy Martin (1982). Africa and the ideology of Eurafrica: neo-colonialism or Pan-Africanism? *Journal of Modern African Studies*, *20*(2), 221–238. Léonora Miano fait également allusion dans *Afropea* à ce projet d'Eurafrica.

Le terme « Afrodescendant » reconnaît et célèbre l'Afrique comme fondement identitaire essentiel, sinon unique. Il n'est pas la négation d'autres apports, mais la reconnaissance du fait que, sur les plans symboliques et intimes, les cultures en question présentent de nombreux traits subsahariens (Miano 2012, p. 120).

Les Afrodescendants ont perdu leur arbre généalogique, pas leur identité, sauf à considérer qu'elle n'aurait à voir qu'avec le nom des aïeux. Leur culture est celle qu'ils ont créée, tout comme la culture française, aujourd'hui, est celle que façonnent les Français aujourd'hui. Les Afrodescendants n'ont jamais perdu l'Afrique, ils l'ont adaptée à leur espace, en ont conservé ce qui pouvait y faire sens (Miano, 2016, p. 50).

Cette identité émergente et hybride est révélatrice de la transmigration des identités et de l'appartenance culturelle multiple, sujets qui traversent tous les écrits de Miano qui cherche à créer un « tiers-espace » où l'épanouissement des identités afropéennes serait possible (Laurent, 2011).

Dans *Habiter la frontière* (2012, p. 83) et dans *Afropea* (2021, pp. 47–49), Miano informe le lecteur que c'est à David Byrne, fondateur du groupe *Talking Heads* dans les années 1990 et créateur du label Luaka Bop, une série de trois albums intitulés *Adventures in Afropea*, que l'on doit le terme *Afropea*, qu'il désigne comme un continent aux contours fictifs afin de transcrire les influences des cultures subsahariennes sur l'Europe. Le terme est repris en 1993 par le groupe de musiciens belges d'origine zaïroise « Zap Mama » dans l'album « Adventures in Afropea ». Le groupe avait comme but de « réhabiliter les cultures subsahariennes [...] mêler les éléments musicaux empruntés à divers continents [...] faire entendre une singularité afropéenne » (Miano, 2021, pp. 48–49).

Léonora Miano (2012, p. 26) se définit comme une « subsaharienne occidentalisée » : « Je suis, depuis toujours, une Afro-Occidentale parfaitement assumée, refusant de choisir entre ma part africaine et ma part occidentale ». Elle ajoute que la culture africaine est toujours présente dans son œuvre[3] – « Dans le milieu littéraire mon *plus produit*, comme on dirait en langage marketing, réside dans mon appartenance subsaharienne » (Miano, 2021, p. 13) –, soit qu'il s'agisse du traité transatlantique, soit de l'histoire de la colonisation, soit de la *daylife culture*, musique, vêtements, cuisine : « Le jazz et la *soul* m'influencent beaucoup dans la

---

[3] Sur ce sujet, voir l'article de Bouguio (2022). « Mythes anciens et redéfinition du sujet africain chez Léonora Miano ». *Women in French Studies, 30*, pp. 141–153.

structuration des textes ou dans le rythme » (Miano, 2008, p. 94). Son roman *Soulfood équatorial* (2009) met en scène une Afropéenne dans sa cuisine, utilisant les épices africaines dans ses recettes et ses plats provenant du continent africain.

La question des identités a préoccupé Miano dès ses premiers romans, comme *Tels les astres éteints* (2008), ou encore *Ces âmes chagrines* (2011), qui interrogent le malaise identitaire des Africains et l'acculturation de la diaspora en France. Dans le domaine littéraire, les diasporas africaines jouent aujourd'hui un rôle principal. La littérature africaine est surtout connue au travers des écrivains de la diaspora[4]. Dans beaucoup de romans de Miano apparaissent des sujets africains de la diaspora ayant des expériences différentes de celles des subsahariens du pays. Par l'écriture, l'écrivaine invite au partage de ces expériences, comme c'est le cas dans *Tels des astres éteints* avec « la Fraternité atonienne », un cercle pour « [être] entre soi » (Miano, 2008, p. 226), un lieu où « ceux qui étaient là venaient tenter de faire passer une douleur très privée. Une insulte, un jour. Une humiliation. La chose qui leur avait révélé la noirceur. L'événement qui leur avait signifié un statut » (Miano, 2008, p. 228). L'auteure, en plaçant souvent ses personnages en proie à une sorte de pertes de repères, déplore le grand oubli des Africains diasporiques et même des Africains de l'Afrique concernant le drame primordial que la grand-mère de Shraphel, Héka « une authentique passeuse de mémoire, une femme fière de l'histoire des siens, et désireuse d'en assurer la transmission » (Miano, 2008, p. 61) et la mère d'Amandla, essaient de raviver à travers les histoires racontées sur les ancêtres et l'esclavage. Ce désir de dialogue entre les Africains de cultures diverses, Miano le met en pratique : en 2010 elle crée l'association Mahogany, un espace de rencontre et d'échange entre Africains, Africains de la diaspora, Subsahariens et Afrodescendants.

Le sujet des problématiques identitaires se pose surtout chez les Afrodescendants de parents immigrés ou venus à un âge tendre en France, qui vivent souvent dans un entre-deux douloureux ayant des difficultés à

---

[4]   Les auteurs locaux ont du mal à se trouver une place dans le champ littéraire, en raison de nombreux problèmes dont le principal est l'édition. En 2019, la revue *Itinéraires* a consacré un numéro spécial à la littérature africaine. Le dossier avait pour titre « La "renaissance littéraire africaine" en débat ». Dans ce numéro, beaucoup d'articles sont consacrés aux auteurs de la diaspora, comme Alain Mabanckou, Fatou Diome, Léonora Miano et d'autres.

se déterminer sur le plan identitaire en raison d'appartenances plurielles. Souvent confrontés à des difficultés d'intégration dans leurs sociétés d'accueil, les Afrodescendants interrogent leur identité et rêvent d'une société où l'égalité et la tolérance régneraient. Leur identité incertaine et confuse ne favorise pas leur ancrage dans leur pays, leur capacité à se sentir responsables de son destin. Ils ne connaissent pas l'Afrique et n'ont que l'espace français comme repère culturel. Malgré leur résidence en France, ils sont qualifiés d'« Africains », de « Noirs » (Vermeren, 2014, p. 75). « Cette présence afrodescendante issue de l'esclavage colonial est minorée sur tous les plans » (Miano, 2021, p. 43), elle fait partie d'« une minorité dans la minorité », celle d'immigrants dans l'Hexagone, « sa présence sera trop singulière pour être pleinement adoptée » (Miano, 2021, p. 20).

Selon Nathalie Etoké, les Afrodescendants et les Africains sont plongés dans une mélancolie toute particulière, issue de l'Histoire du continent :

> On trouve en Afrique et dans la diaspora une forme particulière de mélancolie enracinée dans la traite négrière, l'esclavage, la colonisation et la postcolonisation. État affectif à la fois collectif et individuel, public et intime, cette mélancolie condamne les subsahariens et les afrodescendants à développer un rapport au monde et à soi inéluctablement lié à la perte : perte de la terre, de la liberté, de langue, de la culture de ses dieux, de soi. (Etoké, 2010, p. 28)

D'après Miano, dans une France en proie aux crispations identitaires, la perspective afropéenne apparaît comme une utopie. La réalité montre que la défense des identités composites est de l'ordre de l'irréel. L'hybridité, le transfontalier et les identités multiples ne sont pas encore capables de créer à eux seuls un monde où les diverses communautés pourraient vivre ensemble en harmonie. C'est pour cette raison que Miano utilise le mot « utopie » dans le sous-titre de son essai, l'auteure n'étant pas pourtant pessimiste à propos de cette vision du monde[5]. « Plus qu'une simple démarche identitaire, *Afropea* me semble énoncer une exigence et véhiculer une critique du fonctionnement des deux univers qui la

---

[5] Certains critiques ont contesté le côté réaliste et réalisable du projet de l'afropéanité, comme F. Amabiamina (« Transnationalismes et apories identitaires : l'afropéanisme de Léonora Miano », *Impossibilia. Revista Internacional de Estudios Literarios*, 19, 2020, pp. 21–50) et É.-M. Lassi (« Recyclage des discours sur l'Afrique et inscription de la doxa métropolitaine dans les romans de Léonora Miano », *Canadian Journal of African Studies / Revue canadienne des études africaines*, 49(3), pp. 443–457).

constituent » (Miano, 2021, p. 46). Quant à son identité à elle, Miano souligne : « C'est simple, j'écris telle que je suis. J'écris ce que je suis. [...] J'écris dans l'écho des cultures qui m'habitent : africaine, européenne, africaine-américaine, caribéenne. Tout cela vient naturellement se loger dans le texte » (Miano, 2012, pp. 28–29). Dans son roman autofictionnel *Stardust*, publié en 2022 chez Bernard Grasset, les identités qui surgissent sont celles de la femme africaine immigrée en France, une femme en exil géographique et intérieur, une femme pas vue et pas entendue.

2. Identités migrantes : autofiction et écriture d'intervention

Dans son recueil de textes courts destinés à la scène *Écrits pour la parole*, publié en 2012, Miano se réfère à la présence noire en France, et particulièrement aux Françaises noires qui vivent dans la discrimination, les difficultés de la vie quotidienne, les entraves de toutes sortes qu'elles rencontrent dans les relations humaines.

C'est dix ans après cette publication que Léonora Miano décide de parler de sa propre expérience de femme immigrée en France. Le « je », caché dans l'intimité – et parfois incarné dans les personnages de ses romans – arrive à se libérer. Avec son roman autofictionnel *Stardust*, roman écrit il y a plus de vingt ans, Miano passe de l'intime au partagé, du vécu à la dénonciation. Dans les premières pages du roman, le lecteur apprend que Miano a écrit ce roman pour sa fille, celle-ci étant née alors que l'écrivaine était étudiante à Paris. C'est pour sa fille, une petite Afropéenne, que l'auteure écrit ce roman autofictionnel. Dans l'avant-propos, l'auteure présente brièvement l'histoire narrée, sa propre histoire, et explique clairement sa décision de publier ce roman[6], tout en précisant également le genre de son œuvre :

> *Stardust* est le premier roman que j'aie composé dans l'intention de le faire publier. Écrit il y a plus de vingt ans, il relate un moment marquant de

---

[6] Si Léonora Miano a tant attendu avant de publier ce texte, c'est qu'elle craignait de se voir enfermer dans l'image de « la SDF qui écrit des livres », explique-t-elle dans l'avant-propos du roman. « Je connais la société française et sa propension à enfermer ses minorités en particulier dans ses aspects dégradants [...]. À bientôt cinquante ans, après de nombreuses publications et quelques belles récompenses, je n'ai plus rien à prouver » (Miano, 2022, p. 7).

ma vie, cette période au cours de laquelle je fus accueillie dans un centre de réinsertion et d'hébergement d'urgence du 19e arrondissement de Paris. J'étais alors une jeune mère de 23 ans, sans domicile ni titre de séjour. Si [...] je qualifie le texte de roman, c'est qu'il ne s'agit pas du journal des mois passés au sein de cet établissement. Tous les événements vécus ne sont pas rapportés. Certaines figures ont été effacées, bien des situations ne sont pas exposées, celles qui le sont n'obéissent pas toujours à leur chronologie exacte [...]. À l'origine, le roman était écrit à la deuxième personne du pluriel, ce qui en faisait une adresse résonnant trop puissamment à mes oreilles pour remplir la fonction libératrice que j'en attendais. La troisième personne du singulier éloigne les périls des travers de sa propre infortune [...]. *Stardust* raconte mon entrée dans l'âge adulte. (Miano, 2022, pp. 7–10)

En révélant clairement dès le début le genre autofictionnel de son roman, bien qu'écrit à la troisième personne, Miano souligne sa fonction quasi thérapeutique, afin de guérir ses traumas, d'éloigner la mémoire qui la hante, d'acquérir enfin la résilience. « L'autofiction trouve sa principale raison d'être dans le besoin de parler de son vécu, la nécessité de lier la fiction à la réalité afin de mieux comprendre, mieux exorciser, mieux accepter une réalité parfois intraduisible » (Grell, 2014, p. 103). Le caractère d'un roman d'initiation est aussi bien évident, selon l'auteure. Ses expériences dans les divers foyers pour étrangers à Paris, pendant des mois – « L'auteur de l'autofiction peut se référer à toute sa vie ou à une partie de celle-ci » (Vilain, 2009, p. 74) – l'ont aidée à traverser le seuil de l'âge adulte, de mûrir en tant que femme, mère et africaine. La question de l'écriture de soi en Afrique s'inscrit dans un domaine interculturel souvent partagé aujourd'hui avec l'Europe en raison de la mondialisation. On y rencontre d'un côté la dénonciation du colonialisme et de l'autre une quête intense de l'identité (Grell, 2014, p. 101). Le roman commence avec un extrait du poème « Still I Rise » de l'écrivaine et poétesse afro-américaine Maya Angelou (1994) dont la vie difficile – parents divorcés, viol, pauvreté mais aussi résilience et espoir – est transcrite dans son roman autofictionnel *I Know Why the Caged Bird Sings* (1961). Miano essaie d'établir un parallélisme avec l'écrivaine américaine célèbre qui entreprend, elle aussi, une exposition de soi afin de dépeindre la situation déplorable des jeunes Afro-Américaines aux États-Unis dans les années 1960.

Selon Doubrovsky, l'identité de nom entre l'auteur et son narrateur-personnage est indispensable tant en ce qui concerne l'autofiction que l'autobiographie. Il n'y a pas d'autofiction, souligne-t-il, sans que l'auteur mentionne dans son texte son nom, lequel consiste en « une référence véridique » (Doubrovsky, 1980, p. 94)[7]. « Dans la vie de tous les jours, Louise est, parmi mes prénoms, celui auquel je réponds volontiers en plus de Léonora », écrit Miano (2022, p. 7), s'identifiant de cette façon avec sa protagoniste. En même temps, elle rassure le lecteur en présentant le côté « fiction » de son récit (événements et figures effacés, il ne s'agit pas d'un journal intime mais d'une « composition » qualifiée de « roman »), se distanciant nettement du genre de récit de vie ou de l'autobiographie.

Par l'autofiction, Miano revendique la révélation de son intimité, démasque sa propre vie et parfois celle de ses proches. L'écrivaine permet ainsi à ses lecteurs d'interpeller sa propre vie et son « moi » qui demeure mobile aidant à réinventer ses désirs. Annie Richard l'explique ainsi : « Le risque personnel de livrer le plus intime au public est à la mesure de l'enjeu existentiel, de la loi du désir qui pousse le moi vers l'autre pour se trouver » (Richard, 2013, p. 129).

Inventé par Serge Doubrovsky en 1977, le terme d'« autofiction » a connu une grande expansion et un grand succès auprès du corps des écrivains. « En s'inspirant de faits réels, ce genre remet en question la pratique traditionnelle naïve de l'autobiographie en mettant en doute sa vérité et sa sincérité. Il brouille les critères définis par Philippe Lejeune dans *Le pacte autobiographique* » (Naudillon, 2016, p. 1). Sujette à des interprétations diverses, elle est souvent définie comme une « déviation » de l'autobiographie ; il s'avère difficile d'avoir une définition cohérente et complète du genre de l'autofiction. Ce qui est pourtant indispensable dans toutes les interprétations, c'est la mise en scène de l'écrivain au sein de son récit. L'autofiction s'inscrit dans la réalité et le mot « fiction », contestant les vues fondatrices de Philippe Lejeune, prive partiellement l'auteur du pacte de lecture autobiographique, présenté dans *Le pacte autobiographique*. Dans l'autofiction, l'auteur incite à une réflexion autour du rapport entre fiction et réalité, en brouillant volontairement leurs limites.

---

[7] Sur la problématique de la présence du nom de l'auteur dans un texte autobiographique, voir l'article d'Yves Baudelle (2020). « Le nom de l'auteur dans son texte. Autobiographie et autofiction », *Études françaises, 56* (23), pp. 57–83.

L'autofiction, ayant séduit un grand nombre d'écrivains depuis les années 1990 et ayant acquis une légitimité théorique, est devenue l'une des tendances littéraires majeures de la contemporanéité. Selon Philippe Gasparini, théoricien des auto-écritures, « l'autofiction peut se définir comme un hybride postmoderne de roman et d'autobiographie. Elle reprend à son compte la stratégie du roman autobiographique qui consiste à distribuer tour à tour les indices de référentialité et de différentialité ». Selon lui, dans un texte d'autonarration, il y a une problématique concernant le rapport entre l'écriture et l'expérience (Gasparini, 2008, p. 311). Il place l'autofiction dans le domaine de l'autonarration, en soulignant qu'elle a fait entrer « les écritures du moi dans la modernité » (Gasparini, 2008, p. 295).

Isabelle Grell (2014, p. 27) définit l'autofiction « comme un art engagé (transformation esthétique de sa propre vie par l'écriture), l'art d'un Je assumé (homonymie entre auteur/narrateur/protagoniste, anonyme ou pseudonyme assuré) témoignant, dans un pacte de vérité post-freudien, d'un Être dans sa fragmentation individuelle (psyché), universelle (historico-sociétal) et son rapport à l'autre ».

Dans le centre d'hébergement, Louise connaît « les différents visages de la souffrance ». Elle croise des êtres perdus aux trajectoires accidentées, aux enfances violentées, des êtres délaissés impitoyablement dans les marges. La jeune femme doit survivre afin de se battre pour sa fille, et pour elle-même. Dans cette ambiance marginale, elle rencontre l'indifférence, la dureté de la vie mais aussi la solidarité et l'amitié. Dans la pièce « petite [et] jaunâtre », c'est aux mots, à la poésie et à la musique qu'elle s'accroche (le roman étant parsemé de vers de poésie de Damas, de Césaire, de Walker et d'Angelou, et de chansons, américaines et françaises) ainsi qu'aux souvenirs lumineux de son enfance au Cameroun, avec sa grand-mère, à qui elle écrit régulièrement des lettres, et dont elle reçoit les siennes. Mais il y a aussi des lettres et des conversations fictives, intimes et intérieures avec la grand-mère qui traversent le roman – les références à la mère biologique étant rares. La grand-mère devient le refuge imaginaire de la jeune femme pendant ses jours très durs dans un Paris froid où elle se trouve seule, avec un enfant dans les bras, sans domicile et sans travail.

Miano insère dans *Stardust* – trame de fragments de vie – des événements de la vie sociale de la France des années 1990 et des critiques sur la politique envers les immigrés et les réfugiés politiques, sur le système de la sécurité sociale et sur l'enseignement public. On rencontre également dans ce roman une critique farouche du colonialisme et de ses conséquences sur les pays et les peuples colonisés :

> Toute nation se crée des mythes. Toute nation repose sur des fictions. Dans celles qu'on nous compte de la France, il n'y a pas d'exclusion sociale. Pas d'endroits ou les marginaux sont entassés, refoulés. Dans la fable qui se transmet chez nous de génération en génération, l'hiver est froid, mais il ne l'est pas que pour permettre le port de vêtements élégants. Manteaux. Écharpes. Bottes. On ne dit pas que ce froid est mortel pour ceux qui n'ont nulle part où aller. On ne dit rien des femmes qui échouent dans les CHRS[8]. (Miano, 2022, p. 43)

> J'avais […] commencé à interroger le choix de mes parents de m'élever en français. La colonisation avait bon dos, pensais-je alors. En France, sous l'occupation, même les très nombreux collabos n'étaient pas allés jusqu'à parler l'allemand à leurs enfants. La langue est la manière dont un peuple dit son être au monde. Elle est son mode de vie et de pensée. Nous appartenions à une caste enviée dont les privilèges étaient illusoires. (Miano, 2022, p. 44)

« L'autofiction se caractérise par la conscience de la singularité subjective du récit de soi qui modèle les faits de sa propre histoire autant que les êtres qui y ont participé : l'implication de l'autre en devient un enjeu majeur » (Richard, 2013, p. 30). Richard souligne le dynamisme intérieur de l'autofiction écrite par des femmes, celles-ci mettant en évidence leur intérêt et leur préoccupation pour l'Autre et pour la société à travers leur écriture du moi. Leur écriture autofictionnelle « a remplacé le nombrilisme attribué à la gent féminine par ce qu'elle nomme une "alter-fiction" qui se libère de l'ego pour mieux franchir la barrière qui nous sépare d'autrui, l'autre à qui "je" parle » (Grell, 2014, p. 32). Dans le cas de Miano, l'Autre étant les femmes qui fréquentent le centre de réinsertion sociale, « cette cage aux poules plumées par le destin », femmes abandonnées, appauvries, désespérées, un Autre qui appartient aux marges de la société française.

Devenant sujet de son écrit à travers la transcription de l'intimité, elle dit à son lectorat que le document sur soi concerne aussi les autres. Les troubles affectifs, émotionnels et les angoisses de l'héroïne Louise sont suscités par la situation socio-culturelle de la société française, hostile envers les immigrés et même envers les femmes immigrées.

---

[8] CHRS : Centre d'hébergement et de réinsertion sociale.

> Personne ne connaît ces endroits. Parfois, lorsque viennent les grands froids, on parle, au journal du soir, de ces foyers d'accueil pour les sans-abri. Nul ne sait vraiment à quoi ils ressemblent. Comment on vit là. Où couchent les reprises de justice qui sortent de prison sans amis, sans famille, sans le sou. Où dorment celles qui vendent la presse de rue à la criée. Les toxicomanes enceintes [...]. Les femmes battues qui prennent un soir leur courage à deux mains. Les jeunes filles issues de familles immigrées qui se rebellent contre les traditions d'une terre inconnue, qui ont pris la clé des champs avant d'y être renvoyées, abandonnées. (Miano, 2022, p. 73)

> Beaucoup de jeunes filles ne sont que des enfants sauvages. Des fleurs de pavés. De l'herbe folle jaillie du béton. Elles sont agressives, n'ont que des systèmes de défense. Une rage dont elles ne connaissent ni l'amont ni l'aval. (Miano, 2022, p. 69)

Stardust est un roman qui explore le moi et en même temps analyse les conditions sociales qui l'entourent. C'est un roman qui veut intervenir dans la sphère publique, en passant du « je » au « nous », l'espace privé y devient public et politisé. Il s'agit d'une écriture qui, tout en restant sur une prise de position de l'écrivaine-narratrice-protagoniste, s'ouvre à une communauté perméable à des préoccupations similaires.

> Voir dans la littérature une forme de politique, c'est faire du récit un outil d'analyse des inégalités et des vulnérabilités par le récit, volontiers auto-biographique ou de reportage, c'est exiger de la langue littéraire qu'elle interroge les discours sociaux et les cadres dominants de perception et de narration, c'est rêver qu'elle rende justice aux inégalités par les contre-discours qu'elle peut produire et partant qu'elle contribue à changer le monde. (Gefen, 2022, p. 12)

Pour Alexandre Gefen, la littérature aujourd'hui est conçue en termes d'action dans le monde, proche de l'intervention sociale et très éloignée du concept de « l'art pour l'art » : « Derrière la simple notion d'utilité sociale renaît donc une idée plus forte encore : celle d'une fonction cognitive, anthropologique et politique de la littérature » (Gefen, 2021, p. 200). Dans ses romans, et plus particulièrement dans son roman auto-fictionnel *Stardust*, Miano s'intéresse aux êtres et aux communautés sans langage et sans représentations, qui sont les immigrés et plus spécialement les immigrés africains à Paris et les Afrodescendents. Par son écriture d'intervention, elle désire provoquer l'empathie auprès de son lectorat et inciter à l'action.

Léonora Miano s'érige au centre du débat politique et social sur les identités africaines et afrodescendantes. Elle en propose une nouvelle cartographie tout en la situant dans un cadre social, voire sociétal. Elle trouve sa place dans la lignée des écrivains et des écrivaines africains contemporains qui pratiquent une écriture personnelle et engagée. Comme le dit bien Bueno Alonso (2019), « les écrivains et les penseurs africains s'insèrent dans les luttes sociales contemporaines (immigration, racisme, identité nationale, révision de la politique coloniale en France, etc.) en renvoyant à une réflexion circulaire sur l'Autre et sur soi-même ». Miano confesse à Christine Chaulet-Achour, en 2017 : « C'est en écrivant que je comprends les choses. Écrire m'a permis de me connaître profondément. Il y a, dans cette activité, une dimension métaphysique, mystique même. La connaissance acquise n'est pas toujours de l'ordre du savoir intellectuel ».

Références bibliographiques

Amabiamina, F. « Transnationalismes et apories identitaires : l'afropéanisme de Léonora Miano », *Impossibilia. Revista Internacional de Estudios Literarios*, 19, 2020, pp. 21–50.

Anderson, B. (1983). *Imagined Communities*. London-New York : Verso.

Angelou M. (1994). « Still I Rise ». The Complete Collected Poems of Maya Angelou. New York : Random House.

Baudelle, Y. (2020). « Le nom de l'auteur dans son texte. Autobiographie et autofiction », *Études françaises*, 56(23), pp. 57–83.

Bouguio (2022). « Mythes anciens et redéfinition du sujet africain chez Léonora Miano ». *Women in French Studies*, 30, pp. 141–153.

Bueno Alonso, J. (2019). Nouvelles expressivités littéraires pour *L'Afrique qui vient* : Alain Mabanckou et Léonora Miano. *Itinéraires, 1.* http://journals.openedition.org/itineraires/6030

Cazenave, O. (2003). *Afrique sur Seine. Une nouvelle génération de romanciers africains à Paris*. Paris : L'Harmattan.

Chaulet-Achour, C. (2017). *Le grand entretien: Léonora Miano, littératures partagées*. https://diacritik.com/2017/06/16/le-grand-entretien-leonora-miano-litteratures-partagees-24/

Doubrovsky, S. (1980). Autobiographie/Vérité/Psychanalyse. *L'Esprit créateur*, Dossier « Autobiography in 20th Century French Literature », *20*(3), pp. 87–97.

Etoké, N. (2010). *Melancolia Africana : l'indispensable dépassement de la condition noire*. Paris : Éditions du Cygne.

Gasparini, P. (2008). *L'Autofiction. Une aventure du langage*. Paris : Le Seuil.

Gefen, A. (2021). *L'idée de la littérature. De l'art pour l'art aux écritures d'intervention*. Paris : Corti.

Gefen, A. (2022). *La Littérature est une affaire politique*. Paris : Éditions de l'Observatoire/ Humensis.

Grell, I. (2014). *L'Autofiction*. Paris : Armand Colin.

Hansen, P. et Jonsson, S. (2011). Bronging Africa as a « dowry to Europe ». *Interventions : International Journal of Postcolonial Studies*, *13*(3), pp. 443–463.

Hansen, P. et Jonsson, S. (2016). *Eurafrica : The Untold History of European Integration and Colonialism*. London : Bloomsbury.

Hitchcott, N. et Thomas, D. (dir.) (2014). *Francophone Afropean Literatures*. Liverpool : Liverpool University Press.

É.-M. Lassi « Recyclage des discours sur l'Afrique et inscription de la doxa métropolitaine dans les romans de Léonora Miano », Canadian Journal of African Studies / Revue canadienne des études africaines, 49(3), pp. 443–457.

Laurent, S. (2011). Le « tiers-espace » de Léonora Miano, romancière afropéenne. *Cahiers d'études africaines*, *204*. http://etudesafricaines.revues.org/16857

Léonora Miano », *Canadian Journal of African Studies / Revue canadienne des études africaines*, 49(3), pp. 443–457).

Martin G. (1982). Africa and the ideology of Eurafrica: neo-colonialism or Pan-Africanism? *Journal of Modern African Studies*, 20(2), pp. 221–238.

Mazauric, C. (2012). *Mobilités d'Afrique en Europe. Récits et figures de l'aventure*. Paris : Kartala, coll. « Lettres du Sud ».

Miano, L. (2008). *Tels les astres éteints*. Paris : Plon.

Miano, L. (2012). *Habiter la frontière*. Paris : L'Arche.

Miano, L. (2016). *L'Impératif transgressif.* Paris : L'Arche.

Miano, L. (2021). *Afropea. Utopie post-occidentale et post-raciste*. Paris : Pluriel.

Miano, L. (2022). *Stardust*. Paris : Bernard Grasset.

Naudillon, F. (2016). Autofictionalités francophones. *Nouvelles études francophones*, dossier spécial « Autofictions francophones », coordonné par Françoise Naudillon, *31*(1), pp. 87–97.

Richard, A. (2013). *L'Autofiction et les femmes. Un chemin vers l'altruisme ?* Paris : L'Harmattan, coll. « Espaces littéraires ».

Vermeren, P. (2014). Identité nouvelle : une approche philosophique de la notion afropéa. *Africultures*, *99–100*(3–4), pp. 66–75.

Vilain, P. (2009). *L'Autofiction en théorie, suivi de deux entretiens avec Philippe Sollers et P. Lejeune*. Chatou : Éditions de la Transparence.

Vitiello, J. (2010). Séismes Nord/Sud : comment repenser la Françafrique à travers les Œuvres de Léonora Miano et Aminata Traoré. *Contemporary French and Francophone Studies*, *14*(5), pp. 495–504.

Waberi, A. (1998). Les enfants de la postcolonie. Esquisse d'une nouvelle génération d'écrivains francophones d'Afrique noire. *Notre Librairie*, *135*, pp. 8–15.

Chapitre 5

Léonora Miano, de la migrance à l'identité afropéenne

ARZU ETENSEL ILDEM
Université d'Ankara

Léonora Miano se trouve au milieu de l'histoire : elle sait de quoi elle parle. D'un côté l'immigration, de l'autre l'appartenance à la France. Elle affirme également qu'elle habite la frontière. Léonora Miano est une écrivaine qui a le vent en poupe : depuis *L'Intérieur de la nuit*, son premier roman publié en 2005, elle a fait paraître un roman presque chaque année jusqu'en 2022 où paradoxalement elle offre au public le premier roman qu'elle a conçu en France quand elle faisait face à d'énormes difficultés en tant qu'émigrée noire sans domicile et sans titre de séjour : *Stardust*. Dans ses premiers romans, Léonora Miano parle de l'Afrique. (*L'Intérieur de la nuit*, 2005 ; *Contour du jour qui vient*, 2006 ; *Les Aubes écarlates*, 2009). Son deuxième roman, *Contours du jour qui vient*, reçoit le prix Goncourt des lycéens l'année de sa parution. Forte de cette consécration, Miano publie en 2008 *Afropean Soul*, des nouvelles qui évoquent les difficultés des immigrés africains en France. Ces nouvelles sont publiées dans une édition pour la jeunesse, ce qui montre la volonté de l'écrivaine d'atteindre la sensibilité des jeunes. Son roman intitulé *Tels des astres éteints*, publié la même année, vise un public plus mature, plus ouvert aux mystères de l'histoire. En 2010, une vingtaine d'années après son arrivée en France, elle publie *Blues pour Élise*. Dans ce roman, elle donne une image totalement différente des immigrées africaines. Ces jeunes femmes de la deuxième génération sont devenues des Afropéennes. Le but de ce chapitre est d'analyser cette transformation. Comment ces jeunes femmes d'identité africaine et caribéenne assument-elles leur nouvelle identité afropéenne et quelle est la distance qui les sépare de leurs mères ?

Nous allons effectuer un travail thématique et analyser plusieurs romans de Miano en prenant en compte les difficultés initiales des personnages qui sont tous des émigrés et les changements survenus avec le passage des années. *Afropean Soul* (2008a) est le premier ouvrage où Miano présente les difficultés auxquelles font face les émigrés ; elle expose le mal-être des familles de la première génération. Dans son roman intitulé *Tels des astres éteints* (2008b), qui se déroule dans l'intra-muros à Paris, les réminiscences de la grandeur passée de l'histoire africaine, les pharaons noirs et Kemet vont ouvrir la voie de la résilience aux jeunes émigrés. Mais la véritable transformation va se réaliser dans le roman *Blues pour Élise* où les lecteurs de Miano vont découvrir les jeunes Afropéennes : de véritables Parisiennes. *Stardust* est paradoxalement le premier témoignage de Miano en France en tant qu'émigrée mais elle le fait publier en 2022.

1. Des premiers temps difficiles

Au temps des navires négriers, les Africains qui étaient embarqués sur ces bateaux avaient du mal à imaginer un voyage de retour. Personne n'avait la chance de revenir chez lui, personne n'échappait à l'enfer de l'esclavage au Nouveau Monde. Pour certains immigrés, rien n'a changé. Les jeunes gens qui sont venus en France, engagés par des agents sportifs sans scrupules qui ont promis de faire d'eux des footballeurs célèbres, ont entrepris un voyage à sens unique. S'ils ne réussissent pas à devenir une vedette, ils sont condamnés à une vie misérable en France. Et leur nombre est assez considérable. C'est l'histoire du protagoniste de la nouvelle intitulée *Depuis la première heure*, qui fait partie du recueil *Afropean Soul* (2008a). Fatou Diome illustre la même problématique : dans son roman intitulé *Le Ventre de l'Atlantique*, l'un de ses personnages, Moussa, n'a pas réalisé son rêve de devenir un footballeur célèbre comme certains de ses compatriotes partis en France avant lui. Malgré les conditions difficiles dans lesquelles il survivait en France, il ne voulait pas rentrer au pays. Pourtant, il s'est fait prendre sans papiers et il a été rapatrié au Sénégal. Ne pouvant pas faire face à l'attente de son entourage et au déshonneur d'être retourné d'Europe sans un sou, « presque tout le monde le méprisait » (Diome, 2003, p. 109), il s'est suicidé en s'enfonçant dans les flots de l'Atlantique. Le protagoniste de la nouvelle de Miano comprend, quant à lui, qu'il ne pourra jamais être une vedette de football. Il voudrait retourner chez lui mais cela lui paraît impossible. Il ne pourrait pas faire accepter son échec à ses proches. Ils « affirmeraient qu'une misère occidentale est forcément moins rude qu'une misère africaine » (Miano,

2008a, p. 29). L'impossibilité du retour est un sentiment frustrant pour le jeune homme qui rêvait de devenir footballeur. Il se rend compte que, dans l'impasse où il se trouve, il a perdu son identité africaine : il n'appartient à nulle part.

Un autre personnage du même recueil vit une expérience différente. Dans le centre d'appels où il travaille après cinq années d'études, on lui a demandé de changer de nom : désormais, il s'appelle Dominique Dumas. « C'est une identité française unisexe » (Miano, 2008a, p. 56). Il n'a pas connu le sentiment d'emprisonnement : il a pu retourner en Afrique avec ses parents. Chaque fois qu'il revenait d'Afrique, il se sentait plus occidental. Il pensait qu'il appartenait à la France puisqu'il en partageait les valeurs et la culture, mais les gens autour de lui ne pensaient pas la même chose :

> Ils n'avaient plus que les mots d'« immigration » et « nation » à la bouche, pour dire que l'un souillait l'autre. Pour lui, l'immigration faisait partie de l'identité nationale. Elle y était une habitude, une coutume, une tradition. C'était elle également qui avait fait ce peuple. Le jeune homme ne parvenait pas à penser autrement. Son identité, même si elle n'était que la sienne, particulière et enracinée dans un itinéraire personnel, ne pouvait être que nationale. Ce pays était le sien. Il était sa seule terre. (Miano, 2008a, p. 60)

Pour lui, l'immigration faisait partie de l'identité nationale. Cependant, ce n'était pas si simple : même s'il se sentait Français, son identité était en porte-à-faux par rapport aux gens du pays.

À l'heure de l'arrivée en France, les études réalisées par les immigrées n'ouvrent pas toujours les portes à une vie décente. La mère du petit garçon de neuf ans, dans la nouvelle intitulée *Fabrique de nos âmes insurgées*, résistait : « Depuis des années, elle combattait l'humiliation de n'avoir dû naître que pour mener une vie de larve. De n'avoir fait des études longues que pour trouver des contrats à durée déterminée, des emplois aidés, et puis plus rien » (Miano, 2008a, p. 38). Cette jeune femme qui lutte pour le bien-être de son fils est obligée « d'accepter un emploi à trois quarts temps, du mardi au samedi, de cinq heures à neuf heures et demie du soir » (Miano, 2008a, p. 39). Elle répond aux appels téléphoniques en changeant son nom. Le jeune homme en porte-à-faux utilisait le nom de Dominique Dumas comme un nom d'emprunt pour faire plus français et plus ordinaire. Elle a choisi Viviane comme prénom. Cette expérience ressemble à celle de Fatou Diome et de Léonora Miano. Fatou Diome, malgré ses études de licence en littérature française, s'est vue obligée d'effectuer des travaux ménagers pour gagner sa vie (cf. Fatou Diome, *La Préférence nationale*, 2001). Léonora Miano aussi est passée par de petits travaux, car les employeurs ne prenaient pas ses diplômes en considération.

Adrien, le petit garçon, ne fait pas confiance à l'avenir. Maintenant, il comprend comment sa mère a pu maquiller la misère. Il voit bien qu'excepté sa tante personne ne vient les visiter. Sa mère se méfie de tout le monde. Elle a « une forme de fonctionnement autarcique » (Miano, 2008a, p. 45). Elle veut isoler son fils, ne pas lui permettre de rencontrer les enfants de son âge qui jouent dans la rue. Sa mère le condamne à la solitude. Il n'a pas l'insouciance de son âge : il a adopté le regard de sa mère. « Certaines familles voient leur autarcie familiale naître ou bien s'aggraver en raison de leur statut d'étrangers au sens de nationalité, de culture ou de religion, dans la société où ils vivent. C'est le cas des familles d'immigrés, une situation difficile » (Bizouard-Reicher, 2004, p. 119).

2. L'espace des premiers temps et l'intra-muros

L'intra-muros qui renvoie aux arrondissements de Paris avant toute autre ville de France est l'espace qui accueille les immigrés dans les romans et nouvelles de Léonora Miano. Cette appellation qui pourrait faire référence aux quartiers cossus de Paris par rapport à la banlieue a une connotation négative dans ses œuvres et éveille un sentiment d'enfermement entre les murs. L'espace des premiers temps dans l'intra-muros évoque le dénuement, voire la déchéance des immigrés. Adrien attend sa mère dans leur petit deux-pièces où les cancrelats font leur danse infernale dès que tombe l'obscurité. Quand il est seul dans l'appartement, il comprend les conditions épouvantables dans lesquelles ils vivent, sa mère et lui : « Quand sa mère était là, il n'entendait pas les cafards ramper sous l'évier. Il ne sentait pas cette odeur d'égout qui empuantait la minuscule salle de bain, dès que le voisin du dessus tire sa chasse d'eau. L'odeur passe par les canalisations communes du vieil immeuble, et ressort par le lavabo » (Miano, 2008a, p. 39). Pourtant, la mère du petit garçon a eu du mal à dénicher cet appartement dans une résidence à loyer modéré.

Les filles du bord de ligne de la nouvelle éponyme sont parquées « au fond d'une impasse où les voitures ne venaient pas » (Miano, 2008a, p. 47). Elles se déplacent en groupe le long de la rue piétonne. Pour elles, « la rue était l'espace » (Miano, 2008a, p. 47). Elles se sentent à l'étroit dans l'appartement qu'elles partagent avec les frères et sœurs. Elles refusent de faire leurs devoirs bien qu'assises autour de la table « d'une pièce dont on ne savait pas si elle était chambre, cuisine ou salle de séjour » (Miano, 2008a, p. 48). Elles se réfugient dans la musique et aiment danser dans la rue. Leur seul rêve est de prendre l'avion pour partir et ne plus revenir. « Elles cessaient d'habiter la césure séparant le monde extérieur de celui des parents. Elles n'étaient plus coincées entre deux modes de vie » (Miano, 2008a, p. 52). Elles habitaient à leur façon « la frontière » comme Léonora Miano elle-même. Leurs parents, à l'instar de la mère du petit Adrien, luttaient pour leurs enfants, pour leur offrir une vie convenable en France mais, par l'attachement qu'ils montraient aux traditions de leur pays d'origine, ils mettaient en danger le sentiment d'appartenance de leurs filles à la France.

La dernière nouvelle du recueil *Afropean soul* se présente comme un texte mystérieux intitulé : *166. rue de C.* La description qui ouvre la nouvelle est lugubre, encore pire que l'appartement empuanté où vivent Adrien et sa mère :

> Vous ne connaissez pas cette rue. Seuls ceux qui y vivent la connaissent. Ce n'est pas l'avenue célèbre, emblème de la cité, avec son arc de triomphe. Cette rue ne s'achète pas au Monopoly. Elle n'est rien. Pourtant, elle existe. Quelque part entre la rue de Flandres et le canal de l'Ourcq. C'est une artère désolée, comme la ville en compte de nombreuses. Au 166, il y a une immense porte métallique. Elle est peinte de noir, comme pour tenir les curieux à distance. Ceux qui voudraient faire connaissance. Vous n'auriez pas le droit de vous arrêter trop longtemps devant. C'est interdit. Vous ne le sauriez pas si vous alliez, mais de l'intérieur, une caméra observe les mouvements de la rue. On vous épie. Pourtant, ce n'est pas exactement un *quartier de haute sécurité*. Le bâtiment n'abrite ni l'armée, ni les services secrets, ni une grande banque. Ce n'est qu'un lieu de transit. Derrière la porte métallique, il y a un autre monde. (Miano, 2008a, p. 69)

C'est ce monde qui est introduit par Miano dans son dernier roman, *Stardust*, paru en 2022. Dans l'avant-propos du livre, Miano explique pourquoi elle a attendu si longtemps pour livrer au public le souvenir de ses premières années en France. Elle ne voulait pas que ses œuvres soient perçues comme celles d'une ancienne SDF. Après une trentaine d'années passées en France, de nombreuses publications et de récompenses, elle estime qu'elle n'a plus rien à prouver. *Stardust* se présente comme un roman autofictionnel qui se déroule en partie dans l'énigmatique bâtiment de la rue C. Dans son premier recueil de nouvelles, Léonora Miano n'a pas souhaité dévoiler la détresse où elle se trouvait au début de son séjour à Paris.

Quand l'action du roman commence, Louise, la protagoniste de *Stardust*, est envoyée par l'assistante du BA (bureau d'Action sociale) au CHRS de Crimée. C'est un Centre d'hébergement et de réinsertion sociale. La « fosse » (Miano, 2022, p. 214) du 66 rue de Crimée est un établissement « hardcore » (Miano, 2022, p. 38) où les pensionnaires ne restent d'habitude que huit jours. Louise, en tant que mère d'une petite fille née en France, a droit à une carte de résidente et elle doit patienter à Crimée en attendant d'être logée dans une maison maternelle. Louise et sa fille seront prises en charge par la France. Dès le début du roman, elles doivent se rendre au centre de PMI (Protection maternelle et infantile). Tous ces établissements, dont les sigles sont incompréhensibles, appartiennent au système social français qui accueille les immigrées.

À l'extérieur comme à l'intérieur, le bâtiment est gris. Il y a des barreaux aux fenêtres, les chambres à coucher sont minuscules et abritent quatre femmes et des enfants dans de petits lits. Impossible d'y dormir ! Il faut obéir aux horaires stricts, se doucher, manger, regarder la télé avec toutes les autres femmes. « Elles viennent de l'ancien empire colonial, [...] territoires jadis occupés où on a injecté dans le sang des peuples qu'être Français valait mieux que tout » (Miano, 2022, p. 69). Triste accueil que la France leur réserve : un univers au mieux carcéral, au pire concentrationnaire.

Au contraire de Louise qui n'est qu'au début du chemin, les jeunes protagonistes de *Tels des astres éteints* se sont « acclimatés », habitués à l'intra-muros où ils vivent. Ils ne pensent plus au jour lointain où ils sont arrivés en France. D'ailleurs, Amandla est d'origine caribéenne, donc en principe française, tandis que Shrapnel et Amok viennent du continent africain. Shrapnel court les blondes mais hait les Blancs. Il estime que toutes les femmes blanches sont les victimes des hommes blancs. Les blondes ne l'ont pas déçu tandis que le Nord, comme il appelle la France, était un échec :

> C'était en pure perte qu'il [le Nord] avait terrassé le Continent. Et le Nord était vieux. Il n'y avait en lui aucune vitalité. Il prenait des cachets. Se faisait tirer la peau pour que son masque résiste. Ses rues tenaient leur nom d'époques révolues. Certaines avaient eu une prémonition du présent : la grande truanderie. Le Nord avait truandé le Continent et s'était

bercé d'illusions. Ses avancées techniques n'étaient que matérielles. Elles n'avaient pas modifié le fond humain qui était tel qu'en tout autre lieu. Le Nord avait policé la barbarie, ne l'avait nullement abolie. (Miano, 2008b, p. 126)

En France, Shrapnel a consolidé son appartenance à l'Afrique. Il veut inciter les siens, les Noirs, à se prendre en main. À ne plus rien espérer de la Communauté internationale. « Il fallait demeurer là. Tel un cheval de Troie subsaharien au cœur de la mécanique nordiste » (Miano, 2008b, p. 129).

Amandla fréquente la même fraternité des Kémites que Shrapnel, mais elle ne pense pas comme lui. Il ne faut pas rester dans Babylone ou le Nord ; il faut retourner au pays primordial, le pays d'avant. Sa mère lui a toujours affirmé : « Tu es la force contrariée, mais invaincue, qui devra demain venger nos déchirures » (Miano, 2008b, p. 77). Pour Amandla, la métropole est un lieu de transit, une fois qu'elle aura achevé les études qu'elle fait, elle s'établira « au sol ancestral » (Miano, 2008b, p. 81). Elle ne pense qu'à faire des économies pour quitter Babylone.

Les filles du bord de ligne de la nouvelle éponyme voyaient les filles « aux cheveux lisses » (Miano, 2008a, p. 49) comme des ennemies et les frappaient plus fort. Les filles du bord de ligne avaient des cheveux crépus qu'elles haïssaient. Tandis que chez les Kémites les cheveux crépus signifient l'appartenance à une grande famille, il ne faut les défriser sous aucun prétexte.

Amandla explique à Amok la tragédie du peuple kémite : « la séparation, la déportation, puis la colonisation » (Miano, 2008b, p. 232). La nation kémite avec son passé noble et son futur prometteur est la nouvelle identité des immigrés d'origine africaine en France. Cette identité englobe tant les Africains du continent que les Caribéens descendants d'esclaves africains. Kemet représente un passé grandiose à la hauteur de l'attente des jeunes immigrés africains de la deuxième génération. Malgré les débuts difficiles de leurs parents, les jeunes de la communauté Kemet ont eu les moyens de s'informer. Certains de leurs parents leur ont parlé de « la grandeur de l'Empire mandingue, des pharaons noirs de Kemet, des Amazones de Dahomey » (Miano, 2008b, p. 78). Maryse Condé, l'écrivaine guadeloupéenne, relate l'histoire du grand empire Bambara (l'actuel Mali) dans son roman intitulé *Ségou*, composé de deux tomes, *Ségou – Les Murailles de terre* (1984) et *Ségou – La Terre en miettes* (1985). C'est ce passé qui rejoint également la grande histoire des pharaons noirs d'Égypte qu'admirent Amandla, Amok et la communauté kémite. Ils sont les astres éteints de cette splendeur passée. Ils essaient d'assumer leur identité kémite et se sont installés dans l'intra-muros parisien où ils ont pris leurs habitudes.

Chaque partie du roman *Tels des astres éteints* porte le titre du répertoire jazz qu'écoutent les protagonistes : Afro Blue (Oscar Brown Jr/ Mongo Santamaria) ; Straight Ahead (Abbey Lincoln/Mal Waldron) ; Angel Eyes (Earl Brent/Matt Dennis) ; Round Midnight (Bernie Hanighen/Thelonious Monk) ; Left Alone (Billie Holiday/Mal Waldron).

3. Les Afropéennes

La première génération luttait pour survivre. Les jeunes qui ont grandi en observant la lutte de leurs parents ont voulu redorer leur blason en découvrant leurs lointaines origines africaines. Avec le passage des années, une nouvelle génération a pris la place des mères : ce sont les filles afropéennes qui sont les protagonistes de *Blues pour Élise*. Dans ce roman, le ton change totalement. « *Blues pour Élise* possède ainsi des affinités indéniables avec ce que l'institution a appelé "la chick lit" : une littérature populaire, destinée aux femmes (généralement jeunes), qui met en valeur la force et le droit des femmes d'agir en fonction de leurs désirs » (Trépanier, 2015, en ligne). En fait, c'est le jeune homme qui doit porter le nom très français de Dominique Dumas qui s'est déclaré le premier Afropéen dans le recueil *Afropean Soul*. Il sera suivi par les Afropéennes de *Blues pour Élise*.

Les filles afropéennes n'ont pas de complexes avec leur origine africaine et avec la couleur de leur peau. Elles vivent leur quotidien comme n'importe quelle autre jeune femme française. Elles travaillent à Paris, habitent la capitale et ont des amies qui leur ressemblent. Les Afropéennes s'épanouissent avec la musique. La tradition musicale de tous les Africains de l'Afrique et de la diaspora apparaît abondamment dans les romans de Miano : la musique accompagne leur vie quotidienne. Dans le roman *Afropéennes*, composé de huit parties, les références musicales se trouvent à la fin de chaque partie : pour la première partie intitulée *Sable sister* Ambiance sonore : *Fanm*, Joby Bernabe. *N'importe quelle biguine*, Polo Rosine. *A moment's pleasure, never change lovers in the middle of the night, Put something down on it*, Millie Jackson. Pour la deuxième partie intitulée *Radiées de la douceur* Ambiance sonore : *Lé ou lov,* Jean-Michel

Rotin. *Santimantal*, Anick et Janklod. *Black with attitude*, Pascal Vallot. Pour la troisième partie intitulée *Fantaisie impromptue* Ambiance sonore : *Pas cool*, Bams. *Septembre*, Baloji. *Daughter of the Dust*, Cae. *Perdre et gagner*, Oxmo Puccino. Et ainsi de suite jusqu'à la huitième et dernière partie intitulée *Blues pour Élise* Ambiance sonore : *Nen lambo*, Bill Loko. *Idiba*, Francis Bebey. La musique d'Alain Jean-Marie en général. *Around midnight Ka (lé minuit soné silouèt ka dansé a dan zalizé...)*, Keyko Nimsay.

> Ces listes comprennent à la fois des musiques créoles (Polo Rosine, Jean-Michel Rotin, Pascal Vallot, Joby Bernabé, Annick et Janklod), des musiques afro-américaines (Millie Jackson, Cae, Donny Hathaway), afro-françaises (Oxmo Puccino, Bams, Sandra Nkaké, Casey), françaises (Arthur H, Jean-Louis Murat) ou subsahariennes (Baloji, Miriam Makeba). Les genres musicaux sont divers : rap, biguine, slam, rock indépendant, jazz. (Coste, 2020, p. 20)

Le roman *Blues pour Élise* commence avec le refus d'Akasha de reconnaître comme rôle modèle la femme poteau mitan, cette femme mythique des Antillais, qui est le soutien d'une case antillaise. Elle refuse de suivre le chemin de sa mère et de souffrir pour sa famille. Elle gagne plutôt bien sa vie, a un boulot et loue un studio mais se demande parfois si ce n'était pas cela qui effrayait les hommes qui préfèrent les femmes plus dépendantes : « Qu'une femme n'ayant pas eu le choix se soit assurée, seule, le gîte et le couvert » (Miano, 2010, p. 23) leur faisait peur. Elle n'avait pas eu de chance avec les hommes de sa vie et elle avait décidé d'abandonner « les fiers guerriers de l'Oubangui, les joyaux de bronze noir » (Miano, 2010, p. 25). Akasha voulait un bobo (un garçon bourgeois-bohème) et faire du *speedy dating*, mais les souvenirs de sa relation avec l'ultime frangin la déstabilisaient. Elle n'avait pas pu dire à Malaïka, Amahoro et Shale, ses meilleures amies, que l'ultime frangin était gay !

Bigger than life (Miano, 2010, p. 78) est le nom de la joyeuse équipe formée par Akasha et ses amies.

> Les *Bigger than life* étaient intelligentes, financièrement autonomes, belles, chacune à sa manière. Elles s'étaient donné ce nom il y avait déjà des années, quand elles n'étaient encore que des étudiantes souvent désargentées, filles de personne d'important, crépues, portant des prénoms non alignés, des patronymes à l'encrage lointain. *Bigger than life* était devenu leur devise. Elles ne seraient pas toujours plus fortes que l'adversité, mais elles seraient tenaces. (Miano, 2010, p. 78)

Elles se retrouvent une fois par mois pour se défouler et manger décemment, chose qu'elles n'ont pas le temps de faire tous les jours. « Autrement, en dehors du mafé et de la sauce graine surgelés, les filles auraient fini par ne plus savoir ce qu'était la nourriture. La vraie » (Miano, 2010, p. 78).

Amahoro ne comprend pas pourquoi Michel ne veut plus la revoir. Ils filaient le parfait amour quand elle lui a fait une caresse inattendue, inconnue de lui. Michel a perdu son assurance et lui a demandé de qui elle avait appris ce câlin. Il s'est confié à son copain Gaétan qui n'a pas compris ses inquiétudes.

Son copain Gaétan est très attaché à l'Afrique. Il sort avec Shale, membre de la joyeuse bande. Shale a toujours vécu en France et n'éprouve aucun désir de retourner aux sources. Elle se considère comme une Afropéenne parisienne avant tout. Gaétan, quant à lui, ne se voit pas finir ses jours à Paris. « Plus ça va, moins je supporte l'hiver » (Miano, 2010, p. 63). Michel comprend l'attachement de Gaétan au territoire de son enfance, mais il devait permettre à Shale d'être elle aussi attachée à l'environnement de son enfance puisqu'elle avait été élevée en France. Michel pensait que « le mot n'était pas trop fort, que c'était du racisme, de vouloir enfermer tous les Noirs dans une africanité ancestrale » (Miano, 2010, p. 63).

Pour enterrer sa vie de jeune fille, Malaïka va se réunir avec ses amies. Elle va épouser Kwame qui est un peu fruste et qui a eu du mal à se faire accepter par la joyeuse bande. Quelques semaines avant son mariage avec Kwame, Malaïka avait commencé à avoir des doutes. Kwame l'aimait-il vraiment malgré son embonpoint ? Le fantôme d'un mariage gris se faufile à l'horizon : ce simulacre d'union qui permet à l'un des époux d'obtenir la nationalité française.

> Bien sûr, elle récusait ce terme, gris, qui sentait la xénophobie, la détestation sourde que cette société portait aux Arabes en particulier. […] Bien sûr, elle savait que la manœuvre visait les immigrés venus des pays dits pauvres, dont on pensait que le but ultime était d'envahir l'Europe, pour récupérer, par ce moyen, comme s'il n'y en avait pas d'autre, tout ce dont l'Occident les spoliait. (Miano, 2010, p. 87)

Avec la peur du mariage gris, nous retournons dans le contexte de l'immigration. Ce sont les personnes qui n'ont pas de situation régulière qui trompent celui ou celle qu'elles vont épouser. Malaïka, qui va unir sa vie avec un émigré noir qui n'a sans doute pas la nationalité française, prend des risques. Une note d'anxiété vient troubler l'horizon des *Bigger than life*, mais Malaïka est trop amoureuse pour se laisser décourager. Le ton est décidément à l'amour et les soucis de l'immigration sont rejetés.

Les problèmes de Shale avec sa mère Élise, qui est à l'origine de l'intitulé du roman, sont en rapport avec leur passé africain et la tradition selon laquelle les femmes, même épouse d'un autre, appartiennent à la grande famille. D'autant plus que l'on considérait Élise comme descendante d'esclave. Le père de Shale soupçonne sa fille d'être le fruit du viol de sa femme par un cousin. Ayant du mal à vivre avec ce doute, il émigre en France mais finit quand même par abandonner sa famille. Après le départ de son mari, Élise a une attitude mitigée envers sa fille. Sous des allures de « chick lit », il est évident que Léonora Miano aborde des sujets épineux.

En revanche, la pièce intitulée *Afropéennes*, dans laquelle Eva Doumbia met en scène les dialogues des jeunes femmes afropéennes, s'annonce comme le *Sex and the city* des femmes africaines qui vivent à Paris. Cette pièce s'inspire non seulement du roman *Blues pour Élise*, mais aussi d'une œuvre qui est formée de dialogues : *Écrits pour la parole* de Léonora Miano, qui a reçu le prix Seligmann 2012 contre le racisme.

> La metteuse en scène de ces *Écrits pour la parole*, Eva Doumbia, est elle aussi une Afropéenne : franco-ivoiro-malienne, elle travaille des formes scéniques hybrides, mêlant volontiers le cabaret, le théâtre et le chant. Les personnages de son spectacle, constitué à partir d'un montage de textes de Léonora Miano donc, ne sont pas soumises. Ni victimes ni militantes, elles s'interrogent pourtant sur le regard que l'on porte sur elles depuis leur enfance en raison de leur couleur. (Bertin, 2019, en ligne)

Écrits pour la parole donne la parole directement à des personnages qu'on entend rarement et surtout à des femmes. La conclusion de Léonora Miano est sans appel : « La France ne sera pas une grande idée. Une triste réalité tant qu'elle dira : Noire ou Française. Le mieux c'est la fusion : Française noire. Le mieux c'est l'addition : Française et Noire » (Ligue des droits de l'homme, 2013, en ligne). La pièce de Doumbia, tout en ayant un aspect « sitcom », aborde elle aussi les soucis des Afropéennes. Eva Doumbia est une metteuse en scène d'origine ivoirienne. *Afropéennes* a été créée la première fois en 2012 et reprise plusieurs fois dans différents théâtres. Dans cette pièce, les héroïnes de Miano, les *Bigger than life* se retrouvent dans un restaurant une fois par mois pour bavarder, partager leurs soucis et s'amuser en chantant et en dansant.

4. Aspects physiques des Afropéennes

L'aspect et la nature de la chevelure sont primordiaux pour les Afropéennes. Dans les pays qui ont connu l'esclavage, les cheveux crépus renvoient directement à l'esclavage. Eva Doumbia, qui a mis en scène *Blues pour Élise*, a participé au Festival des Francophonies au Limousin 2011 avec un spectacle intitulé *Moi et mon cheveu*. Elle remarque que Léonora Miano a elle aussi insisté sur la problématique des cheveux dans la partie intitulée « Radiées de la douceur » de son roman *Blues pour Élise*.

> Au Cap-Vert, la nature du cheveu est un marqueur social, le Cap-Vert étant tout comme le Brésil ou les Antilles des sociétés post-esclavagistes, plus une personne avait les cheveux proches du cheveu européen, plus elle avait les moyens de s'en sortir. Aujourd'hui au Cap Vert, mais je pense que c'est la même chose dans les autres sociétés post-esclavagistes, quelqu'un qui a les cheveux lisses est souvent d'une classe sociale plus élevée. Et c'est dans les classes sociales les plus élevées, qu'on lisse au maximum les cheveux pour faire disparaître la trace de la négritude. (Cournot, 2011, en ligne)

Le Boulevard de Strasbourg à Paris est une destination obligée pour les copines de Malaïka et plus précisément le salon de coiffure « Coco Prestige » (Miano, 2010, p. 41) qui accueille les jeunes femmes avec la musique entraînante de *Lé ou Lov* de Jean-Michel Rotin. Elles sont là pour les soins qu'elles font donner à leurs cheveux : les défriser ou les mettre en valeur. Il y a celles qui sont pour le défrisage et celles qui sont contre. Kimmy est « Excédée, elle en a ras-le-bol qu'on culpabilise celles qui se défrisent les cheveux, assez qu'on les pointe du doigt, qu'on les dise honteuses de leur couleur, comme si le noir disparaissait avec le défrisage » (Miano, 2010, p. 45). Kimmy travaille comme hôtesse d'accueil et on lui a dit qu'une « coiffure conventionnelle » convenait mieux à l'image de la société. Akasha quant à elle préfère porter ses cheveux naturels. Pour elle, « la quête d'une chevelure lisse est la marque de l'aliénation, de la détestation de soi » (Miano, 2010, p. 45). Élise se mêle à la discussion ; elle affirme qu'il est facile pour les Caribéennes qui sont des négresses métissées de « donner des leçons de fierté raciale aux autres » (Miano, 2010, p. 47). Elle, la subsaharienne, déclare que ni les afro-terroristes ni les activistes de la fierté raciale ne lui dicteront les codes de la liberté. « Les femmes noires du troisième millénaire cherchent leur place, dans un espace aux limites mal définies, entre aliénation et quête de la pureté identitaire » (Miano, 2010, p. 49).

Pour Louise dans *Stardust*, les cheveux de sa fille sont une source de bonheur : « Les cheveux de Bliss imitent la mangrove épaisse et mystérieuse qui s'étire le long du fleuve Wouri » (Miano, 2022, p. 139). Sa fille est sa raison de vivre, c'est son refuge dans Crimée. C'est grâce à elle qu'elle est restée en vie.

Les filles du bord de ligne avaient déclaré comme ennemies celles qui possédaient tout ce dont elles manquaient : « un grand appartement, une famille non élargie, des vacances à la mer, des séjours à l'étranger et des cheveux longs, naturellement lisses » (Miano, 2008a, p. 49). De plus, un secret dérangeant les séparait encore plus de leur entourage : elles étaient mutilées, « coupées » (Miano, 2008a, p. 51). Cette tradition d'un autre âge les poursuivait dans leur nouvel environnement. Les *Bigger than life* ne semblent pas avoir souffert dans leur chair : elles jouissent de leur sexualité sans entrave. Malaïka apprécie l'aspect ordinaire de Kwame « qui venait bien de Mars » (Miano, 2010, p. 84) et ils ont une vie sexuelle épanouie.

Les Afropéennes ne se sentent pas obligées d'obéir aux critères de beauté de l'Europe. Malaïka se sent bien dans sa peau malgré « une taille de 46, 44 au mieux » (Miano, 2010, p. 81). Mais elle n'a pas d'états d'âme : « La taille 38 était la burqa de la femme occidentale, assujettie à un modèle difficile à abandonner » (Miano, 2010, p. 79). Malaïka est libre de porter les kilos qu'elle veut, d'autant plus qu'elle a trouvé en Kwame l'homme de sa vie.

En guise de conclusion, nous pouvons dire que Léonora Miano exprime les difficultés du début dans ses nouvelles avec des coups de pinceau rapides : c'est le temps des mères. Dans *Stardust*, elle dresse un tableau impitoyable de la France qui a du mal à accueillir ses immigrées. Louise est une mère célibataire qui doit sa survie à sa petite fille née à Paris. Kemet vient éclairer pendant un certain temps l'univers des immigrées, mais les vraies filles de la deuxième génération sont les Afropéennes, les protagonistes de *Blues pour Élise*. Elles sont des Parisiennes et qu'elles soient d'origine africaine ou caribéenne, cela ne joue pas un rôle primordial dans leur identité. Parfois, les traces de l'immigration reviennent dans le roman, quand Malaïka craint un mariage gris ou quand Shale qui a perdu ses attaches avec le Continent, refuse de rentrer en Afrique. Akasha pense qu'elle doit garder les cheveux crépus pour affirmer ses liens avec l'Afrique. Amahoro, la femme libérée, choque son petit ami. La musique participe à l'action du roman dans la mesure où elle prépare l'ambiance de chaque passage. Finalement, Léonora Miano a créé une nouvelle génération d'Afropéennes qui se sont éloignées des soucis de leurs mères pour s'intégrer au mode de vie de la société française. Elles se sentent chez elles à Paris. Elles vont servir de rôles modèles aux nouvelles générations.

Références bibliographiques

Bertin, M. (2019). *Écrits pour la parole* de Léonora Miano, mis en scène par Eva Doumbia : un spectacle communautaire ou afropéen ? *Horizons/Théâtre*, 14/2019. https://journals.openedition.org/ht/1705

Bizouard-Reicher, E. (2004). Famille autarcique et situation d'immigration. *Divan familial*, *13*(2), pp. 111–128. https://www.cairn.info/revue-le-divan-familial-2004-2-page-111.htm

Coste, M. (2020). Identités afropéennes dans *Blues pour Élise* de Léonora Miano. *Philologia Hispalensis*, 34(2), pp. 17–32. https://revistascientificas.us.es/index.php/PH/article/view/11596

Cournot, M. (2011). Moi et mon cheveu, le cabaret universel d'Eva Doumbia. Entretien de Mélanie Cournot avec Eva Doumbia. *Africiné*. https://www.africine.org/entretien/moi-et-mon-cheveu-le-cabaret-universel-deva-doumbia/10435

Diome, F. (2003). *Le Ventre de l'Atlantique*. Paris : Le Livre de Poche.

Ligue des droits de l'homme (2013). *Écrits pour la parole*, un livre de Léonora Miano. https://www.ldh-france.org/Ecrits-pour-la-parole-un-livre-de/

Miano, L. (2022). *Stardust*. Paris : Bernard Grasset.

Miano, L. (2010). *Blues pour Élise*. Paris : Plon.

Miano, L. (2008a). *Afropean Soul et autres nouvelles*. Paris : Flammarion.

Miano, L. (2008b). *Tels des astres éteints*. Paris : Plon.

Trépanier, M.-L. (2015). *Blues pour Élise* : le (*black*) *Sex and the city* de Léonora Miano. *Revue Chameaux*, *7*. https://revuechameaux.org/numeros/culture-pop/blues-pour-elise-le-black-sex-and-the-city-de-leonora-miano/

Chapitre 6

La Voix rebelle de Fatoumata Fathy Sidibé

VICENTE E. MONTES NOGALES
Université d'Oviedo

1. *La Voix d'une rebelle*, des mémoires à la recherche des lecteurs

La Voix d'une rebelle de Fatoumata Fathy Sidibé est un ouvrage publié en 2020 qui peut être classé dans le genre « mémoires », bien que son auteur préfère le définir comme essai témoignage (Sidibé et Montes, 2021). Ce récit à la première personne met l'accent sur les actes de Fatoumata Sidibé dans le domaine de l'associatif et de la politique plus que sur sa vie privée et intérieure. Elle l'affirme clairement : « Je ne vais point vous raconter ma vie » (Sidibé, 2020, p. 245). En fait, on ne trouve dans ces mémoires que très peu d'informations sur la famille de Fatoumata Sidibé, aucune allusion au père de son fils et très peu de renseignements sur celui-ci.

Beaucoup d'hommes et de femmes politiques avant elle ont choisi ce genre pour faire revivre aux lecteurs leurs expériences dans l'espace complexe de la politique : François Mitterrand (*Mémoire à deux voix*) ; Valéry Giscard d'Estaing (*Le pouvoir et la vie*) ; Lionel Jospin (*Lionel raconte Jospin*), ancien Premier ministre français ; Jacques Chirac (*Mémoires. Chaque pas doit être un but*) ; Ségolène Royal (*Cette belle idée du courage*), ancienne ministre française aussi ; Bruno Le Maire (*Jours de pouvoir*), ministre de l'Agriculture dans le gouvernement de François Fillon ; ou Nicolas Sarkozy (*Témoignage*), parmi d'autres. Toutes les époques nous ont laissé des témoignages de l'écriture mémorialiste, par exemple, *Commentaires sur la Guerre des Gaules* de Jules César, *Les mémoires de messire Philippe de Commines* de Philippe de Commines (ou Commynes), homme politique et historien né dans l'ancien comté de Flandre en 1447, les *Mémoires de Saint-Simon*, œuvre posthume de Louis de Rouvroy, duc de Saint-Simon, ou les *Mémoires de guerre* de Charles de Gaulle.

La Voix d'une rebelle comprend douze chapitres, ayant chacun son titre, et une section intitulée « Et maintenant », avec laquelle Fatoumata Sidibé conclut son ouvrage avant d'introduire plusieurs lettres blanches publiées entre 2010 et 2018 dans une dernière division sous le titre de « Cartes blanches pour une colère noire ». Ces mémoires sont aussi parfois au croisement de l'autobiographie et de l'Histoire car Fatoumata Sidibé introduit timidement le lecteur dans l'univers colonial africain des XIXe et XXe siècles, les traditions de ses ancêtres, le Mali des indépendances et la Belgique de la fin du XXe siècle et des premières décennies du XXIe siècle. Deux contextes sociopolitiques très différents forgent la personnalité de cette romancière, poétesse, politique, journaliste belgo-malienne et militante de la laïcité, la mixité et l'égalité. Elle est donc une femme multiple, qui est aussi courageuse et combattante.

À part les souvenirs, ce livre est constitué d'extraits de discours politiques, d'anecdotes, d'épisodes historiques, de proverbes[1], de lettres privées ou publiées dans les journaux et de conversations tenues dans des contextes professionnels. Ces récits rétrospectifs prétendent soutenir la vérité des faits vécus que Fatoumata restitue et contribuent à consolider le pacte implicite entre l'auteur et les lecteurs évoqué par Philippe Lejeune (1975), et qui permet aux lecteurs de croire que les faits racontés sont véridiques.

Bien que Fatoumata donne plus de relief à sa vie publique qu'à sa vie privée, le lecteur a l'occasion de s'approcher de sa sphère d'intimité dans la première partie de son ouvrage, celle qui dévoile la relation de cette mémorialiste avec ses parents, notamment avec sa mère, qui fera l'objet de l'un des plus beaux poèmes de son recueil « Les masques parlent aussi… », publié en 2014. Mais les chapitres qui relatent sa participation au mouvement Ni Putes Ni Soumises et à la politique belge fournissent

---

[1] Les proverbes témoignent de la double culture de Fatoumata Sidibé. La plupart correspondent à la littérature orale malienne, tels que : « Un seul doigt ne peut soulever une pierre » (Sidibé, 2020, p. 153), « Tant que les lions n'auront pas leurs propres historiens, les histoires de chasse ne pourront pas chanter la gloire du chasseur » (Sidibé, 2020, p. 165), « Si tu ne sais pas où tu vas, regarde d'où tu viens » (Sidibé, 2020, p. 183).

des informations très intéressantes sur l'histoire politique et associative de la Belgique.

Contrairement à d'autres générations précédentes d'Africains francophones, les inspirations littéraires de Sidibé ne sont pas que françaises, mais aussi africaines et américaines, d'anciennes colonies françaises. Pendant sa jeunesse, elle recherchait avec passion la production littéraire des représentants de la Négritude, tels que Léopold Sédar Senghor, Aimé Césaire, Léon-Gontran Damas, Guy Tirolien ou Birago Diop. Elle écrit : « Je lisais entre deux assaisonnements de sauce alors que la fumée du feu de bois me faisait pleurer. Je lisais à la lumière de la lune, à la lumière de la lampe-tempête, sous le manguier, entre deux corvées ménagères. Je m'évadais. J'étais livre. J'étais libre » (Sidibé, 2020, p. 20). Il n'est donc pas étonnant que le poète et enseignant-chercheur Amadou Elimane Kane souligne l'empreinte de ces écrivains noirs sur les poèmes de Fatoumata Sidibé : « C'est que dans cette poésie on sent aussi, sans jamais les confondre, le souffle des fondateurs des grands textes négro-africains, Birago Diop, Aimé Césaire, ils sont là qui traversent, qui inspirent les chants de Fatoumata Sidibé » (Kane, 2014, p. 12). Mais des écrivaines africaines et celles d'autres horizons exercent aussi une forte influence sur elle, telles que Pearl Buck et plus tard Gisèle Halimi, Simone de Beauvoir, Benoîte Groult, Mariama Bâ et Awa Thiam. Dans l'interview qu'elle nous a accordée à Oviedo (2021), elle fait allusion aux grands classiques français mais aussi aux soirées de contes qui ont nourri sa production littéraire. Son goût pour l'écriture l'amène à composer des poèmes à Bamako et des romans-feuilletons à Bruxelles. Plus tard, lors de ses études à l'université, elle s'initie à la publication d'articles et aux interviews, cent cinquante environ.

Il faut attendre l'année 2006 pour que son roman *Une saison africaine* soit publié aux éditions parisiennes Présence africaine. Quelques années plus tard, son recueil de poèmes et de reproductions de peintures *Les Masques parlent aussi...* voit le jour[2]. En 2020, nous assistons à la parution de ses mémoires *La Voix d'une rebelle*, publiés aux éditions

---

[2] Ses mémoires précisent l'origine du titre singulier de ce recueil de poèmes. Les masques interdits aux femmes parlent aussi aux femmes : « C'est inconsciemment la soif de la liberté qui m'a menée à déployer ma création artistique autour du thème des masques, pour briser les interdits. Car depuis toute petite, j'entends répéter que "les femmes ne portent pas de masques et ne les touchent pas" » (Sidibé, 2014, p. 35). Cette fois-ci, les masques inspirent la créativité de Fatoumata Sidibé.

belges Luc Pire. Il n'est pas rare que les mémoires des hommes et femmes politiques soient rédigés quand leurs auteurs cessent leurs activités politiques. Cette fois-ci, l'isolement imposé par la Covid favorise la réflexion et l'écriture de cet ouvrage :

> La Covid m'a trouvée en train d'écrire ce livre. [...]. Beaucoup de personnes se sont promis [...] de profiter de cette parenthèse pandémique pour faire une pause, écouter leur chant intérieur, méditer, [...]. J'ai toujours été une amie du silence. Durant cette pandémie, il est venu à moi, le silence que j'ai souvent été rechercher lors de retraites en tête à tête avec moi-même dans les abbayes et les monastères en Belgique. (Sidibé, 2020, pp. 240–241)

Les mémorialistes appartenant à la classe politique se proposent souvent de révéler au grand public des faits historiques, d'expliquer les motifs de quelques décisions, d'élucider des confusions ou des paradoxes et de dénoncer. Pour atteindre ces objectifs, Fatoumata revient avec insistance sur la recherche de ses lecteurs, au point que ceux-ci sont évoqués souvent dans ses mémoires à travers les pronoms « vous » ou moins souvent « nous » : « Inutile de vous faire un dessin, c'est parfois lourd à porter » (Sidibé, 2020, p. 9) ; « mais je puis vous l'assurer » (Sidibé, 2020, p. 58) ; « Je vous laisse imaginer ma frustration » (Sidibé, 2020, p. 83) ; « Nous sommes en janvier 2015 » (Sidibé, 2020, p. 85) ; « Avez-vous remarqué que [...] ? » (Sidibé, 2020, p. 89) ; « Vous l'avez bien compris » (Sidibé, 2020, p. 103) ; « Inutile de vous dire que [...] » (Sidibé, 2020, p. 112) ; « je vous l'ai dit » (Sidibé, 2020, p. 160). L'usage du mode impératif réunit aussi le narrateur et le locuteur : « Ne le nions pas » (Sidibé, 2020, p. 107) ; « Rassurez-vous, je ne vais pas vous faire un discours sur la difficulté de trouver des sous-vêtements [...] » (Sidibé, 2020, p. 115) ; « Et soyons de bon compte » (Sidibé, 2020, p. 121) ; « N'occultons pas non plus le vote juif » (Sidibé, 2020, p. 125) ; « Ne croyons pas pour autant que [...]» (Sidibé, 2020, p. 129) ; « Parlons maintenant du communautarisme blanc » (Sidibé, 2020, p. 137) ; « Pour ceux qui auraient des doutes, imaginez » (Sidibé, 2020, p. 158) ou « Souvenons-nous » (Sidibé, 2020, p. 188). Ce désir d'établir une communication directe avec ses lecteurs la conduit à leur poser de nombreuses questions, telles que « Et vous savez ce qu'elles m'ont dit, les copines ? » (Sidibé, 2020, p. 11) ; « Comment suis-je entrée en politique ? » (Sidibé, 2020, p. 67) ; « Je me devais de réagir, mais que pouvais-je faire ? » (Sidibé, 2020, p. 85). Certaines questions précèdent leur réponse : « Ces candidats issus de la diversité sont-ils plus des attrape-voix que des personnalités médiatiques du monde du sport ou de l'audiovisuel ? Non » (Sidibé, 2020, p. 125).

Mais une analyse minutieuse du texte nous permet de mieux connaître les lecteurs recherchés par Fatoumata Sidibé. Bien qu'ils puissent être aussi pluriels que l'auteur, nous constatons dès les premières lignes qu'elle s'adresse notamment aux lecteurs résidant en Belgique qui ignorent la culture malienne. Certaines informations sur les coutumes du Mali éparpillées dans le premier chapitre seraient superflues pour des lecteurs maliens : le phénomène croissant de l'islamisation et de l'arabisation, qui apparaît avec le choix du nom du nouveau-né, les signes d'irrespect de la part des jeunes qui ne peuvent pas appeler les adultes par leur prénom ou la force des enfants africains (Sidibé, 2020, p. 10). Dans le but de se faire comprendre par des lecteurs belges, Fatoumata Sidibé évite quelques références culturelles qui seraient incomprises des lecteurs européens. C'est pour cette raison que lorsqu'elle décrit ses combats avec ses camarades de classe, elle préfère faire allusion à Astérix et à son élixir, bien connu des Européens, qu'à quelques héros mandingues. Un texte adressé aux Maliens citerait plutôt le courage de l'empereur Soundjata Keïta et les effets des potions élaborées par les marabouts.

En outre, quelques pronoms « nous » révèlent aussi que les lecteurs potentiels de ces mémoires se trouvent en Belgique : « Faut-il rappeler que nous n'avons toujours pas de plan interfédéral contre le racisme ? » (Sidibé, 2020, p. 154). Cette fois-ci, le pronom « nous » renvoie sans aucun doute à ses compatriotes belges. Cette narratrice ainsi que d'autres secondaires[3] à qui elle donne la parole quelquefois évoquent l'univers malien et le climat politique de la Belgique.

2. L'Afrique, entre la nostalgie et la critique

Fatoumata Sidibé éprouve des sentiments contradictoires envers l'Afrique. Malgré son optimisme vital, nous entendons sa voix se lamenter sur le sort de sa terre natale : « À l'heure où mon pays natal est tel

---

[3] Ces narratrices spontanées représentent des groupes sociaux généralement marginalisés desquels Fatoumata devient leur porte-parole, par exemple : « Cela ne peut être l'œuvre du hasard. "Franchement, je n'ai pas quitté le village pour me retrouver au village", me dit cette jeune femme d'origine guinéenne qui peste parce que ses allées et venues sont observées par les membres de la communauté. Même son de cloche du côté de cette famille marocaine qui habite un immeuble dont les locataires sont majoritairement originaires du Maghreb : "Ils font tout pour que nous restions entre nous, que nous ne puissions pas nous émanciper de notre milieu. Le repli identitaire n'est pas toujours notre choix" » (Sidibé, 2020, p. 119).

un bateau qui tangue et risque de chavirer, je pleure sur toi, ô pays bien-aimé » (Sidibé, 2020, p. 242). Elle renseigne les lecteurs sur différents aspects de l'Afrique occidentale et ces explications répondent à un double projet : d'abord, pallier la profonde méconnaissance de la culture du continent ; ensuite, dénoncer quelques situations qui ont lieu sur le sol africain. D'autres autobiographes africains partagent la mission didactique de Sidibé, tel Hampâté Bâ (1992, 1994) dans les deux volumes de ses mémoires, *Amkoullel, l'enfant peul* et *Oui, mon commandant*.

Fatoumata Sidibé sait que les Belges ainsi que beaucoup d'autres Européens ignorent presque tout du continent africain et se sent dans l'obligation de les introduire dans l'histoire, l'ethnologie ou la sociologie du Mali. Certaines digressions révèlent cette intention, par exemple la précision historique suivante : « Pour ma rapidité, ma mère m'appelait parfois "autorail" en référence à la ligne ferroviaire historique datant de la période coloniale qui reliait Bamako à Kayes, première Région administrative du Mali. Le train continuait jusqu'à Dakar. Ce seul train de voyageurs du Mali était une source de revenus pour toute la région. C'était le moteur de l'économie » (Sidibé, 2020, p. 12) ou cette information sur les coutumes maliennes, concernant l'éducation traditionnelle des enfants : « Dans nos sociétés maliennes, on nous apprenait à ne pas poser de questions. [...]. La curiosité est un vilain défaut » (Sidibé, 2020, p. 20).

Mais Fatoumata Sidibé est aussi critique envers son pays d'origine. Elle profite de toute occasion pour montrer les difficultés que la société impose aux citoyens. Par exemple, le fait que plusieurs membres de la famille portent le même prénom dénote l'importance de la collectivité au détriment de l'individualité : « Mais quelle idée aussi de vouloir se démarquer dans une société où l'individu n'existe pas, où la collectivité est tout. Tu seras ce qu'on te dira et qu'on te permettra d'être » (Sidibé, 2020, p. 8) ; le comportement solitaire momentané est aussi l'objet de condamnation sociale : « La solitude est un luxe sur le continent africain. Quand on aime la solitude, c'est forcément qu'on est asocial » (Sidibé, 2020, p. 19) ; la société assigne aux mères le mauvais comportement de leurs enfants : « Après tout, c'était sa faute si sa fille était dévergondée » (Sidibé, 2020, p. 14). Fatoumata émet aussi des jugements défavorables envers la politique africaine qui entrave le progrès du continent : « Mais de grâce, n'épargnons pas non plus les chefs d'État et les gouvernements de nos pays d'origine qui pillent, écrasent, oppriment, volent, discriminent leurs peuples » (Sidibé, 2020, p. 182).

D'autres digressions émanent des comportements adoptés par les familles maliennes et permettent de mettre en exergue différentes traditions condamnées par Sidibé, comme la suprématie du mâle : « La cuisine était un lieu réservé aux femmes et même interdit aux hommes. De même que puiser l'eau, plier, faire la lessive. Leur confier ces tâches aurait été de l'émasculation sociale » (Sidibé, 2020, p. 13) ; « On ne le dit pas souvent, mais les premières chaînes dont les femmes doivent s'affranchir, ce sont celles forgées par la famille, celles de la société ensuite. Au Mali, dès la plus petite enfance, on nous apprend que la femme se doit, à l'instar du symbole des trois singes, "ne rien voir, ne rien dire, ne rien entendre" » (Sidibé, 2020, p. 16) ; ou l'hospitalité étouffante :

> Ainsi va l'hospitalité, ou plutôt la prise en otage hospitalière. Votre maison, votre foyer appartient aussi à la famille éloignée. N'importe quel membre de la famille peut débarquer sans prévenir à tout moment, rester autant de temps qu'il le souhaite, parfois malade et agonisant, sans le sou. Vous avez le devoir de le prendre en charge ainsi que tous les frais médicaux et même d'obsèques. (Sidibé, 2020, p. 14)

Ou bien, la perte de connaissances orales et même écrites car l'Afrique relègue son savoir : « La non-conservation est l'un des drames de l'Africain » (Sidibé, 2020, pp. 20–21). D'après Fatoumata Sidibé, l'impact de la tradition africaine sur la vie quotidienne des Africains les empêche souvent d'instaurer une modernité convenable : « J'ai croisé des couples qui s'étaient rencontrés en Europe, où l'homme et la femme s'entraidaient dans le foyer. De retour au pays, le mâle qui se hasardait à aider sa femme s'exposait au mépris de la famille. Le courageux rentrait vite dans les rangs pour retrouver sa digne masculinité » (Sidibé, 2020, p. 13).

C'est le Mali traditionnel qui conforme son caractère rebelle. Sa différence par rapport à ses camarades d'école l'avait poussée à la violence comme moyen d'autodéfense. La soumission imposée aux femmes, l'excision, la polygamie, la répudiation, la suppression du droit de l'héritage, la prédilection de l'éducation des garçons ou le mariage en tant que statut social obligatoire forgent sa personnalité et son féminisme : « J'ai grandi en même temps que ma révolte. Mon indignation ne tarissait pas. Ma mère me surnomma "Poudre de piment" […]. Avant huit ans, j'étais féministe sans savoir ce que signifiait ce mot. Ce n'était pas un choix mais une évidence, une nécessité vitale » (Sidibé, 2020, p. 15). D'après Fatoumata Sidibé, la tradition et les lois de l'islam constituent un lourd et complexe héritage qui anéantit les droits des femmes maliennes : « Je regardais, observais d'un œil perçant et sans complaisance la société malienne patriarcale, étrange syncrétisme d'islam et d'animisme qui opprime les femmes et les muselle » (Sidibé, 2020, p. 15). Elle dénonce la régression religieuse malienne, fruit de la prolifération d'un islam wahhabite ou salafiste rétrograde qui préfère la multiplication des mosquées et le voilement des têtes à la création des écoles.

Fatoumata Sidibé s'écarte d'un certain discours victimiste africain et soutient que ce continent s'avère parfois hostile vis-à-vis des Africains eux-mêmes. Bien que Fatoumata soit née au Mali, elle prend contact très vite avec les cultures belge et allemande car son père est affecté d'abord à l'ambassade du Mali à Bruxelles en tant que comptable et après cinq ans à Bonn. Ces années passées en Europe n'ont pas été sans conséquence sur le retour au Mali de Fatoumata car c'est à Bamako qu'elle éprouve le sentiment d'être repoussée pour la première fois, de rejet parce que ses coutumes européennes la distinguaient des autres filles[4] : « Et puis il y avait la violence et le harcèlement des camarades de classe et de rue qui n'acceptaient pas ma différence, mes airs supérieurs, la façon que j'avais de rouler les r et de parler maladroitement le bambara » (Sidibé, 2020, p. 10). C'est aussi au Mali qu'elle a compris la nécessité de recourir à la force pour se faire respecter : « Les mots ont un pouvoir, mais les coups de pied aussi » (Sidibé, 2020, p. 11). Des années après, elle sera à nouveau humiliée quand ses compatriotes ne lui accordent aucune crédibilité en tant que femme africaine, jeune et émancipée, membre d'une équipe de coopération au développement[5]. La mentalité coloniale subsistait et la société préférait qu'un homme blanc belge s'occupe de la coopération.

3. Bruxelles, l'Eldorado européen ?

Fatoumata Sidibé arrive à Bruxelles en pleine adolescence. L'une de ses sœurs résidant en Belgique l'accueille et cela lui permet de poursuivre ses études. Les principaux obstacles qu'elle doit surmonter sont le froid,

---

[4] Nous trouvons un autre exemple du rejet de la population ouest-africaine envers les Africaines dans les mémoires de la Béninoise Agnès Agboton (2018) *Más allá del mar de arena*, quand elle raconte que les Ivoiriens n'acceptaient pas son mariage avec un Blanc espagnol. Fatoumata dénonce le racisme blanc et noir dans son roman *Une saison africaine*.

[5] Elle tient à préciser cette anecdote de son passé dans Sidibé et Montes Nogales (2022).

le manque de lumière, l'absence de sa famille, l'indifférence de la population et quelquefois la faim[6]. Son économie précaire la conduit à travailler comme femme d'ouvrage et à découvrir les postes les moins rémunérés : « Maintenant, on ne dit plus "femme de ménage", mais "technicienne de surface", "agent d'entretien". Un vrai métier, genré, inégalitaire, dur, pénible, difficile, ingrat, invisible, mal payé » (Sidibé, 2020, p. 29). Mais bien que les conditions soient dures pour les Africaines en Belgique, ce pays diffère du Mali car si celui-ci empêche la jeune Fatoumata de s'affirmer en tant que femme libre, le pays européen lui offre la possibilité d'agir et l'indépendance souhaitée : « J'ai bien dû me rendre compte que mes aspirations à la liberté ne pouvaient éclore au Mali. Je voulais m'appartenir, je ne voulais pas les enfermements, la ségrégation sexuelle. J'avais d'autres ambitions. Je voulais tenir les rênes de ma vie. Il me fallait donc trouver un emploi et prendre ma place en Belgique » (Sidibé, 2020, p. 33). Elle avoue à Pierre Efratas, conseiller en communication de Pierre de Maret, alors président de l'Université Libre de Bruxelles, que quand elle était arrivée en Belgique elle s'était dit : « Voilà un pays de libertés où les femmes ont le droit de vivre leur vie sans tout le poids enfermant, annihilant de certaines traditions » (Sidibé, 2020, p. 37). Malgré les obstacles qu'il faut affronter en Belgique, ce pays reste une terre d'accueil :

> Car ne nous leurrons pas, ce n'est pas facile d'être belge quand on est d'origine plurielle. Mais reconnaissons-le aussi, la Belgique nous donne des droits, oui, des droits, en dépit du racisme et des discriminations. Et ces droits sont quelquefois plus importants que ceux que nous aurions dans certains de nos pays d'origine. Je ne veux pas être amnésique. (Sidibé, 2020, p. 96)

Ses racines maliennes demeurent présentes, mais la Belgique est le pays qu'elle a choisi : « Je tiens ici à exprimer ma gratitude à la Belgique, ce plat pays que j'ai fait mien » (Sidibé, 2020, p. 246). La Belgique a aussi ses opposants qui ne diffèrent pas trop de certains secteurs radicaux du Mali, des ennemis de la démocratie mondiale, les intégristes, qui font obstacle à des régimes qui ne sont pas parfaits, mais qui cherchent à permettre l'exercice de la liberté des citoyens : « Oui, la liberté religieuse est bien respectée en Belgique. Au nom de cette liberté, les islamistes exigent des pays européens qu'ils acceptent leurs pratiques archaïques, rétrogrades, sexistes, mais ils refusent la liberté aux autres à commencer

---

[6] Ces obstacles sont aussi décrits dans son roman *Une saison africaine* (Montes Nogales, 2022).

par leurs peuples. Ils veulent que l'on vive au XXIe siècle comme au XIIe. Il est où le soleil, celui de l'islam des Lumières ? » (Sidibé, 2020, p. 185).

C'est ainsi que cette femme noire, africaine, provenant d'un milieu musulman imprégné d'animisme et ancienne étudiante d'une université catholique s'apprête à s'intégrer dans la société belge. Son engagement pour la cause féministe la conduit à devenir cofondatrice du mouvement international Ni Putes ni Soumises, où son discours militant et engagé trouve une place fondamentale. Elle se bat pour que l'émancipation des femmes atteigne les différents coins du monde. En refusant le relativisme culturel, elle tient à manifester que les mêmes droits doivent régir les rapports entre les hommes et les femmes en société et, par conséquent, impliquer une répartition équitable de prérogatives et de libertés dans les cinq continents. Ce combat universaliste qu'elle mène contre le patriarcat et les offensives des islamistes, des partis les plus conservateurs et de l'Église catholique quand ils tiennent à restreindre les droits des citoyens la conduit à condamner les traditions et les postures qui oppriment quelques secteurs de la société, tels que les homosexuels et les transsexuels.

Mais bien que la Belgique lui offre l'occasion de se réaliser pleinement en tant que femme d'origine étrangère, elle porte aussi sur ce pays un jugement défavorable en se fondant sur l'intolérance de certains collectifs :

> Oui, tout va bien en Belgique. Il n'y a pas de quoi faire un foin avec la montée des intégrismes, des extrêmes droites noire, brune et verte, avec les sexismes de toutes étiologies, les amalgames guerriers de tous bords, les manifestations haineuses d'homophobie, de racismes multiples, anti-Blacks, anti-Blancs, anti-Beurs, anti-Feujs, anti-Tout. Pas de quoi. Entre le Vlaams Belang à 25 % en Flandre, le Front national qui monte en Wallonie et à Bruxelles et les émules de Tariq Ramadan qui se répandent, des évangélistes à la sauce Bush qui commencent à pénétrer nos quartiers, des ultras qui veulent une Europe chrétienne et des proclamateurs de choc de civilisations, non, pas de quoi. (Sidibé, 2020, p. 51)

Ici et ailleurs, il n'y a qu'une solution pour combattre une société où se multiplient les replis communautaristes ou religieux, le racisme, la misogynie, la pauvreté, la discrimination et d'autres maux, et cette solution doit se fonder sur la mixité, la laïcité et l'égalité, quelques-uns des principaux piliers de la démocratie.

Elle dénonce aussi la précarité des emplois occupés par les personnes d'origine étrangère et leur bas salaire en Belgique, et ce, malgré leurs qualifications, souvent supérieures à celles des Belges de souche. Les Afro-descendants, par exemple, sont plus diplômés que la moyenne nationale belge. Le marché de travail bruxellois s'avère donc ségrégationniste bien que le pays dépende d'un nombre important d'immigrants qui contribuent à son développement économique et social. La Belgique n'offre pas les mêmes opportunités à tous ses habitants.

D'autre part, à la suite de sa farouche condamnation de la présence de symboles religieux dans le domaine de l'État, elle sera accusée de contribuer particulièrement à la stigmatisation d'une partie de la population déjà victime de discrimination, inégalité ou racisme. Fatoumata Sidibé souffre à nouveau d'un sentiment de rejet quand elle entre en politique car certains secteurs prennent leurs distances avec elle pour éviter toute association : « Selon que vous êtes de tel ou tel parti, des portes se ferment ou s'entrouvrent. […]. J'avais l'impression d'être frappée du sceau de la distanciation » (Sidibé, 2020, pp. 73–74). La politique, notamment pendant les campagnes électorales, est un champ de bataille où les hostilités sont fréquentes et les projectiles sont lancés de toutes parts : « Il faut résister de tous les côtés à l'intérieur de son parti, face aux autres partis et vis-à-vis des électeurs qui sont souvent loin d'être acquis à votre cause » (Sidibé, 2020, p. 193). De nombreux commentaires de Fatoumata Sidibé expriment l'âpreté et violence de la politique belge. Si le domaine associatif lui donne des satisfactions, la politique est un terrain plus défavorable, rude et âpre qui ne lui permet pas d'accomplir la totalité de ses objectifs. C'est un espace hostile qui a ses propres règles et les manœuvres politiciennes ne favorisent pas l'imposition de la logique : « J'étais comme une chèvre attachée à un piquet dans une prairie mais à laquelle on interdit de brouter » (Sidibé, 2020, p. 83). Les intérêts particuliers des hommes et des femmes politiques ou du parti empêchent le progrès social et provoquent souvent de la frustration. Au Mali ou en Belgique, Fatoumata Sidibé doit faire preuve d'endurance. Au Parlement, quand son groupe, le FDF, était majoritaire, elle ne s'écarte pas trop de sa mission dans le monde associatif : « Je me suis battue pour le respect mutuel, la mixité, l'autonomie de chacun, le progrès économique, l'émancipation sociale, la responsabilité de tous et la solidarité avec les plus faibles » (Sidibé, 2020, p. 83).

4. « La désunion produit la faiblesse »

Par cette phrase, Voyer de Paulmy, marquis d'Argenson, insistait sur le fait que « c'est dans l'union des parties que consiste la force d'un tout »[7] (Voyer de Paulmy, 1784, p. 30). Fatoumata connaît bien les conséquences de la désunion, pour le féminisme ou pour les communautés africaines. En fait, elle considère que l'Afrique est la proie de divisions et de tensions socio-économiques (Sidibé et Montes Nogales, 2021). Toutefois, on dirait que les ennemis de la justice sociale constituent un groupe homogène et résistant. S'il y a un phénomène véhiculant l'Europe et l'Afrique qu'il faut dénoncer, c'est le sexisme, d'après Fatoumata Sidibé (2020, p. 97) : « À des degrés divers, depuis la nuit des temps, dans toutes les sociétés, cultures, classes sociales, religions, situations géopolitiques, les femmes sont discriminées parce qu'elles sont femmes. » Et toutes les religions monothéistes contribuent à soumettre les femmes à la volonté des hommes : « Dans tous les textes sacrés, il est aisé de trouver de quoi justifier la domination des femmes et la confiscation de leurs droits ! » (Sidibé, 2020, p. 110).

Bien qu'elle se réclame du féminisme universel, elle intègre l'afroféminisme négligé ou méprisé par certaines féministes occidentales qui sont incapables de se mettre à la place des Noires d'origine africaine. Elle se fait l'écho des revendications des Africaines à Bruxelles qui dénoncent le fait que leur cause ne fait pas l'objet des préoccupations des féministes belges. En fait, le féminisme ne forme pas un groupe uniforme : « Je me suis souvent retrouvée seule Africaine à des conférences organisées par des Européennes et je me suis surprise à ne pas rencontrer d'Européennes aux conférences organisées par les associations africaines. Il y a des ponts à construire » (Sidibé, 2020, p. 113). La diversité ethnique, culturelle ou religieuse contribue toujours à la fracture sociale.

Une autre division sociale qui favorise la montée des inégalités en Belgique est la diversité des communautés. Leur division et les manœuvres des partis pour capter leur voix empêchent la vie collective, la convivialité et le développement[8]. Les immigrants ne constituent pas un bloc homogène ou monolithique et les hommes et femmes politiques en sont

---

[7]   Le marquis d'Argenson (1694–1757) affirmait (1784, p. 30) que quand on craignait la sédition dans une ville, on interdisait à la population de s'assembler sur les places publiques pour éviter l'union de leurs forces.

[8]   La population de Belgique est d'origine très diverse. D'après Statbel (2022), l'office belge de statistique, la population belge se composait en janvier 2022 comme suit : 66,6 % de Belges d'origine belge, 20,6 % de Belges d'origine étrangère et

conscients quand ils fouillent les terrains de chasse électorale. Étant donné l'importance des voix des minorités et les votes des potentiels électeurs issus de l'immigration, la campagne communautaire s'avère absolument indispensable. La séparation des différents groupes sociaux ne passe pas inaperçue aux partis politiques : « Pour diviser et mieux régner, il faut trouver des candidats dans chaque zone géographique » (Sidibé, 2020, p. 127). Fatoumata Sidibé (2020, p. 125) explique dans ses mémoires les circonstances particulières de cette division : « Les Turcs votent pour des Turcs [...]. Un Peul ne votera pas facilement pour un Malinké ou un Soussou. Un Congolais ne votera pas non plus volontiers pour un Burundais ou un Rwandais et vice-versa. Le sous-régionalisme a la vie dure. » Elle voit dans l'usage pervers des candidats afrodescendants la suite de la mentalité coloniale : « J'ai vu de vieux réflexes de colons et de colonisés refaire surface » (Sidibé, 2020, p. 128). Quelques partis remplacent donc les candidats subsahariens ou maghrébins sans scrupules. Le communautarisme est donc instrumentalisé à des fins diverses. En plus, il existe une hiérarchie entre les différentes races ou ethnies que comporte le monde musulman. Fatoumata Sidibé dénonce la négrophobie au sein de la communauté arabo-musulmane ou d'origine étrangère : « Ces discriminations vécues par les populations noires dans les pays arabes et qui se prolongent en Belgique sont passées sous silence » (Sidibé, 2020, p. 143). La solidarité entre les membres de l'Umma ne serait donc qu'apparente. L'hostilité est aussi une réalité parmi les individus appartenant à la même race : « Ce n'est pas parce qu'on est noir qu'on ne discrimine pas les Noires et ce n'est pas parce qu'on est maghrébin qu'on ne discrimine pas les Maghrébins » (Sidibé, 2020, p. 147). Le racisme est un mal difficile à supprimer.

Son rejet public du voile dans les sphères de l'État (écoles, entreprises publiques, hôpitaux, etc.) répond à ce désir de laïcité et de mixité et est aussi un témoignage de coupure politique, sociale et religieuse. Ni les représentants du domaine politique ni les féministes ne se mettent d'accord pour répudier un morceau de tissu fort dangereux aux yeux de Fatoumata Sidibé. Elle considère que l'espace public appartient à tous les citoyens et chacun a le droit donc d'y manifester sa foi comme il veut mais la fonction publique doit assurer le respect d'une impartialité

12,8 % de non-Belges. La population belge compte 7.714.233 Belges d'origine belge, 2.386.100 Belges d'origine étrangère et 1.483.675 non-Belges (source : https://statbel.fgov.be/fr/nouvelles/diversite-selon-lorigine-en-belgique-0).

religieuse incompatible avec les signes religieux. Face à la pression de certains secteurs religieux et au fondamentalisme qui s'esquisse alors, les partis politiques belges auraient dû redoubler d'efforts pour assurer l'impartialité et la neutralité à l'égard de toute confession religieuse, mais d'après Fatoumata, ils n'ont pas osé le faire. La gauche belge n'a pas soutenu l'interdiction du voile dans le domaine public et cet objet, pour Fatoumata, n'est pas un symbole innocent : « Ce bout de tissu est tout sauf neutre. Il est un symbole, l'emblème et l'étendard du dogme islamiste, le cheval de Troie des islamistes qui s'emploient à sa banalisation. Lutter contre le voile n'est pas lutter contre les musulmanes. C'est lutter contre l'hydre islamiste » (Sidibé, 2020, p. 177). Sidibé comprend qu'en tant que femme politique sa lutte laïque est perdue quand Mahinur Özdemir prête serment au Parlement bruxellois le 23 juin 2009 en portant son voile, mais son combat en tant qu'écrivaine continue. La conception traditionnelle de la laïcité s'est fragilisée et le débat social s'est consolidé.

D'autre part, concernant les Africains qui habitent en Afrique, la division la plus évidente est celle qui se produit entre les gouvernants et le peuple. Les dirigeants africains se soumettent aux intérêts européens car ils se soucient beaucoup plus de leur avenir que de la prospérité de leurs compatriotes. Un grand nombre de chefs d'État condamnent cyniquement les attentats en Europe sans rompre le silence quand les médias renseignent sur les cadavres dévorés par l'Atlantique. En outre, la désunion des Africains paralyse le développement du continent : « La désunion africaine, à l'image des trois singes ("elle ne voit rien, n'entend rien, ne dit rien"), permet aux États de se faire broyer isolément » (Sidibé, 2020, p. 242). Fatoumata Sidibé propose un panafricanisme émancipateur et solidaire comme moyen de progrès social, économique et politique et pour créer cet état idéal l'Afrique devrait s'inspirer de l'Europe. Elle rêve donc de la création des États-Unis d'Afrique qui ne peut se fonder ni sur la victimisation ni sur le regard constant d'un passé négrier et colonial[9].

---

[9] Dans l'interview « Entrevista a Fatoumata Sidibé » (Sidibé et Montes Nogales, 2021), Fatoumata Sidibé insiste sur l'idée du panafricanisme de telle manière que l'Afrique parle d'une seule voix.

5. Conclusion

Nous retrouvons le discours militant de Fatoumata Sidibé (2006) dans son roman *Une saison africaine*[10], dans son recueil de poèmes et surtout dans ses mémoires. Son combat contre les inégalités sociales se prolonge dans ses textes comme moyen de persuasion des lecteurs et c'est ainsi qu'elle étend son champ d'action[11]. Elle tient un discours passionné, féministe et humaniste qui prétend emporter l'adhésion à sa cause. L'État doit assurer la laïcité, l'égalité et la mixité de la société et il doit protéger chaque citoyen, mais celui-ci doit aussi être prêt à soutenir la citoyenneté. Sauvegarder celle-ci n'entraîne pas le renoncement à nos traits distinctifs, mais le renforcement du système social et de ses fondements. Il s'agit d'un acte solidaire consistant à privilégier l'intérêt collectif. Fatoumata Sidibé prévient ses lecteurs de certains risques sociaux, du communautarisme qui empêche les individus d'engager un dialogue interculturel nécessaire à la bonne marche de la société.

La Voix d'une rebelle n'est pas seulement la présentation des souvenirs d'une femme qui connaît bien le Mali des indépendances et la Belgique du XXIe siècle, mais aussi un témoignage d'un compromis social qui cache ce que l'auteure préfère garder pour elle seule et qui expose ses victoires et ses défaites professionnelles. Elle nous décrit le monde complexe qu'elle a connu et qu'elle a voulu changer. Et cette description se fonde souvent sur l'évocation d'un climat politique souvent décevant, sur la dénonciation de ceux qui brandissent l'étendard du fondamentalisme religieux ou de la misogynie et sur la condamnation de la lâcheté de certains démocrates. Ce combat se prolonge dans chacune des pages de ses ouvrages. Confrontée aux contraintes de la réalité, Fatoumata Sidibé trouve dans l'écriture le moyen de faire respecter ses valeurs fondamentales.

---

[10] On peut trouver une analyse de certains aspects de ce roman dans Montes Nogales (2022).

[11] En fait, Fatoumata Sidibé affirme dans l'interview accordée à Oviedo (Sidibé et Montes Nogales, 2021) que quand elle participait activement à la politique belge, à certaines occasions, lorsqu'il fallait respecter les accords gouvernementaux et qu'elle ne pouvait pas s'exprimer librement, l'écriture lui permettait de préciser dans la presse sa position.

Références bibliographiques

Agboton, A. (2018). *Más allá del mar de arena*. Madrid : Verbum.

Hampâté Bâ, A. (1992). *Amkoullel, l'enfant peul*. Arles : Actes Sud.

Hampâté Bâ, A. (1994). *Oui mon commandant !* Arles : Actes Sud.

Kane, A. É. (2014). Avant-propos. Dans Fatoumata Sidibé (dir.), *Les masques parlent aussi…* Paris : Saran, pp. 11–13.

Lejeune, P. (1975). *Le pacte autobiographique*. Paris : Seuil.

Montes Nogales, V. (2022). Visiones de la inmigración subsahariana : causas y consecuencias en algunas novelas africanas del siglo XXI. *Çédille, revista de estudios franceses, 21*, primavera/printemps 2022, pp. 181–197.

Sidibé, F. F. (2020). *La voix d'une rebelle*. Waterloo : Luc Pire.

Sidibé, F. F. (2014). *Les masques parlent aussi…* Paris : Saran.

Sidibé, F. F. (2006). *Une saison africaine*. Paris : Présence africaine.

Sidibé, F. F. et Montes Nogales, V. (2021). Entrevista a Fatoumata Sidibé. Dans *Escritores Africanos, 8*. Oviedo : Universidad de Oviedo.

Statbel (2022). Diversité selon l'origine en Belgique. *Statbel, la Belgique en chiffres*, 16 juin 2022. https://statbel.fgov.be/fr/nouvelles/diversite-selon-lorigine-en-belgique-0

Voyer, R.-L. de [1764] (1784). *Considérations sur les gouvernements anciens et présent de la France, comparé avec celui des autres États*. Amsterdam (Paris).

Partie III

MOYEN ET EXTRÊME-ORIENT

Chapitre 7

L'écriture engagée de Delphine Minoui

Beatriz Mangada
Université Autonome de Madrid

D'abord journaliste, Delphine Minoui est aussi l'auteure de quelques ouvrages qui ont évolué progressivement vers l'écriture littéraire. Il s'agit cependant de fictions qui rappellent la plume du reporter qui ne saurait se dépouiller des modalisations discursives et stylistiques propres au journalisme. Le souci de témoignage occupe donc une place centrale dans la vie et l'œuvre de cette journaliste née à Paris en 1974, de père iranien et de mère française. Elle collabore régulièrement avec Radio France, *Le Figaro*, *L'Express* ou *Le Temps*. Spécialiste du Moyen-Orient, elle a reçu le prix Albert-Londres en 2006 pour ses reportages en Iran et en Irak.

À l'occasion de ce volume axé sur l'interculturalité en Europe à travers l'approche de nouvelles perspectives que peuvent offrir les écritures féminines à fortes empreintes autofictionnelles, nous portons notre choix sur la figure et l'œuvre de cette journaliste et écrivaine. Notre étude parcourra l'ensemble de ses écrits et s'attardera avec plus de détail à ses deux romans *Je vous écris de Téhéran* (2015) et *Les Passeurs de livres de Daraya* (2017). Nous analyserons la fonction des personnages dans l'intrigue et leur regard porté sur la société, de même que le rapport entre fiction et non-fiction, signe inéluctable d'un renouveau littéraire et des formes propres à l'extrême contemporain (Viart, 2001). La considération des éléments paratextuels nous permettra par ailleurs de mettre en exergue les attentes du lectorat suscitées par le pacte de lecture qu'instaurent les seuils du récit.

Ainsi, l'exploration de l'univers narratif et l'interprétation de la dimension sociale montreront l'importance que la déclaration d'autrui acquiert dans sa production, socle de modalités narratives propres à la postmodernité. Le vécu, le témoignage et la fiction s'entremêlent pour rendre visible une fresque sociale où les discriminations et le manque de liberté sont mis au premier plan. Le regard du journaliste s'impose, bien que la plume de Minoui se nourrisse de sa traversée interculturelle et témoigne d'une discrète trace d'autofiction.

1. Narrations documentaires et littératures de terrain, à la croisée de la fiction et de la diction

En 2011, la revue *Interférences littéraires* consacrait un numéro monographique aux « croisées de la fiction » entre journalisme et littérature sous la direction de Myriam Boucharenc, David Martens et Laurence Van Nuijs. Dans l'introduction au volume, ces auteurs soulignaient que la porosité a présidé depuis longue date les relations d'interdépendance entre ces deux formes d'écriture, de sorte que le clivage discursif entre fiction et diction instauré par Gérard Genette (2004), selon lequel l'espace de la fiction agirait en vecteur structurant de littérarité, voire en valeur fondatrice de la littérature, tandis que le journalisme pour sa part serait censé référencer la réalité à travers une diction neutre et fidèle aux faits, s'est finalement avéré ne pas être si étanche. Ce qui d'ailleurs a été mis en lumière dans l'ouvrage de Myriam Boucharenc (2011) ou celui de Patrick Suter (2010), entre autres. Dans certaines narrations fictionnelles écrites par des journalistes, comme c'est le cas qui nous occupe, le discours référentiel propre au journalisme jaillit dans la fiction à travers des enjeux énonciatifs qui déclenchent un pacte de lecture qui rapproche la fiction du témoignage journalistique ou du documentaire, d'où le concept de littérature de terrain proposé par Dominique Viart (2019).

En effet, au-delà des enjeux taxonomiques qu'implique la désignation de nouvelles formes d'expression littéraire liées à la postmodernité, la lecture de l'article de cet auteur sur les littératures de terrain apporte des pistes de réflexion pour aborder les créations littéraires de Delphine Minoui auxquelles le présent chapitre sera consacré. À cet égard, Viart signalait avec justesse que la littérature connaît un nouvel âge de l'enquête. Or, si ces pratiques habituelles chez des écrivains comme Zola demeuraient pourtant « en amont de l'œuvre, dans laquelle elles étaient comme dissoutes » (Viart, 2019, p. 3), « voici que ces enquêtes et recherches menées par les écrivains contemporains deviennent l'objet même de nombreux récits, qui en rapportent les péripéties plutôt que de se contenter d'en exploiter les résultats sous forme plus ou moins romanesque » (Viart,

2019, pp. 3–4). Il remarquait en outre que ce travail de terrain, propre aux sciences sociales, se veut intensif et qualitatif et permet une interaction personnelle, contextualisée avec l'autre en observant et interagissant dans sa vie quotidienne au moyen de conversations, par exemple. Comme il sera montré par la suite, Delphine Minoui ou ses substituts narratifs se livrent à ce jeu. Pourtant, chez notre journaliste-écrivaine, cette activité de recherche présente dans les textes analysés se veut garante plutôt de véracité pour renforcer la valeur testimoniale de ce qui est raconté.

La notion de littérature de terrain accueille ainsi un corpus très vaste de textes hybrides telles les productions des écrivains reporters, journalisme littéraire, récits de voyage ou encore narrations documentaires. À cet égard, Viart conçoit cinq grandes catégories, dont la première « réunit les textes qui recueillent des témoignages, développent des entretiens, suscitent la prise de parole » (Viart, 2019, p. 6). Et c'est précisément à l'intérieur de cet ensemble que nous proposons de situer les écrits de notre auteure. Parmi les traits constitutifs formulés par Viart, nous repérons l'écriture à la première personne, l'énoncé du projet, un certain assemblage de fragments discursifs différents, ainsi que des lettres, courriels, retranscriptions d'entretiens ou références historiques. Or, parallèlement à la création de ces nouvelles formes narratives, il se produit également l'évolution du statut de l'écrivain qui se voudra désormais une entité narratologique engagée dans le monde, participant même d'une implication sociale. Dans les textes étudiés, la narratrice attire l'attention du lecteur sur les segments les plus faibles des sociétés découvertes au cours de ses voyages, que ce soit l'Iran de ses ancêtres, le Yémen ou la Syrie. Les remerciements en fin de récits, paratextes récurrents chez Minoui, confirment cette vocation de médiatrice des sans-voix. Ainsi, dans l'épilogue de *Les Passeurs de livres de Daraya*, nous pouvons lire :

> Je n'ai pu tenir ma promesse qu'à moitié : ce livre a enfin vu le jour, mais il ne rejoindra pas, comme espéré, les étagères de la bibliothèque de Daraya, reprise par le régime. Ces pages appartiennent désormais à Ahmad, Shadi, Jihad, alias « Hussan », Abou Malek et à leurs fidèles compagnons de siège. […] Ce livre s'achève avec une pensée particulière pour Omar, le jeune combattant-lecteur parti trop vite, et à ses rêves assassinés. Que son souvenir permette à sa famille et ses amis de retrouver la force nécessaire pour poursuivre leur quête de liberté. (Minoui, 2017, pp. 165–166)

Cet extrait illustre d'emblée l'engagement social et les brisures des formes traditionnelles de narration que Dominique Viart (2001) lui-même avait déjà répertoriés comme éléments représentatifs des manifestations littéraires de l'extrême contemporain.

Pour sa part, Lionel Ruffel s'interroge sur les spécificités de la littérature contemporaine. Pour cet auteur, l'agencement de témoignages et de sources diverses d'information favoriserait l'hybridation de techniques narratives et l'hétérogénéité discursive. Dans un article publié en 2012 sous le titre « Un réalisme contemporain : les narrations documentaires », ces nouvelles formes littéraires sont ainsi définies :

> Des récits qui relèvent tout à la fois ou distinctement de la relation de voyage, de l'enquête sociologique, de l'essai politique, du récit biographique et autobiographique. Des narrations dont la forme n'est pas entièrement nouvelle, loin s'en faut, puisqu'elles empruntent à la littérature de voyage, au grand reportage, au récit ethnographique, au *non fiction novel* ou nouveau journalisme leurs principes fondamentaux, mais en les articulant à des phénomènes plus spécifiques à notre époque. (Ruffel, 2012, p. 14)

Et c'est dans l'interstice de toutes ces réflexions que nous aimerions situer la création de Delphine Minoui.

2. Écrivaines et journalistes, métiers partagés

Force est de rappeler que l'histoire de la littérature française s'est nourrie depuis toujours de nombreux écrivains qui ont travaillé comme journalistes et de journalistes ayant publié des livres de fiction. Au-delà des figures de proue de la littérature française du XIXe et du XXe siècle, telles qu'Émile Zola, André Gide ou Joseph Kessel, pour n'en citer que quelques-uns, il existe aussi d'autres voix au féminin dignes d'être mentionnées, comme celle d'Andrée Viollis.

Dans le panorama des littératures francophones contemporaines, nous pouvons citer, par exemple, Alicia Dujovne Ortiz, Laurence Dionigi, Georgia Makhlouf ou Fawzia Zouari. Ces écrivaines, à l'instar de Delphine Minoui, conjuguent la pratique scripturaire et leur métier de journaliste. Chez Minoui, nous retrouvons en outre une inquiétude particulière envers les individus plus fragiles des sociétés qu'elle rencontre au cours de ses voyages. Retranscrire fictionnellement leurs histoires devient un code éthique de fidélité envers la vérité. Ruffel (2012) avait déjà remarqué le facteur mémoriel de ces nouvelles modalités d'écriture et leur contribution à la reconstruction de l'Histoire, se rapprochant de la pensée que Paul Ricœur développa dans *La mémoire, l'histoire, l'oubli* (2000). Dans la deuxième partie de son ouvrage, le philosophe engage la discussion vers une épistémologie de l'histoire qui le porte à se questionner à propos des degrés d'objectivité et de vérité entre un discours historique et la dimension fictionnelle d'un roman historique. En ce sens, Ruffel soutient que la survie de récits de vie singuliers qu'assurent ces écrits enrichit la compréhension de périodes historiques marquées par un discours officiel imposé. Dans le cas des histoires que nous propose Delphine Minoui, elles offrent en plus une fenêtre à un monde caché, banni aux yeux des Occidentaux. Dans *Je vous écris de Téhéran* (2015), c'est toute une fresque sociale qu'elle intègre dans la narration des années vécues au sein de cette ville qui se méfie des étrangers, alors que dans *Les Passeurs de livres de Daraya* (2017), l'aventure de ces jeunes avides de liberté et sensibles à la valeur cardinale de la culture les porte à risquer leurs vies pour préserver cet espace de paix. La narratrice nous rappelle que leur histoire risquait de passer inaperçue, ensevelie à l'intérieur du discours officiel que le régime oppresseur imposait. Elle s'interroge alors sur son devoir moral, ce qui la porte à avouer : « Faut-il pour autant enterrer cette histoire à cause d'un rideau de fer imposé par la force ? Se contenter d'être les témoins impuissants d'une barbarie sans pareille qui se déroule en direct sur nos téléviseurs ? [...] Fermer les yeux, c'est la condamner au silence. [...] Quand toutes les portes se ferment à double tour, ne reste-t-il pas, justement, les mots pour raconter ? » (Minoui, 2017, p. 13).

3. Delphine Minoui, des espaces parcourus et vécus aux espaces transposés dans la fiction

Tel qu'il a été évoqué auparavant, chez cette reporter, le choix de l'écriture documentaire estompe la frontière toujours floue entre genres narratifs contemporains. Autofiction, récit de vie, documentaire, roman, témoignage s'imbriquent constamment dans ses productions, tout en offrant un regard inclusif sur la société contemporaine par le biais d'un travail intriqué d'écriture. Dans ses écrits, il sera question de témoignage, de mettre en lumière l'autre, des êtres oppressés qui n'ont pas droit à la parole, comme les personnages de Nojoud ou Ahmad. Raconter pour ne pas oublier et contribuer à écrire une histoire où les vécus des oppressés qui seraient restés dans l'invisibilité aient droit eux aussi à être écoutés à travers l'acte d'écriture.

En tant que journaliste, elle a parcouru le Moyen-Orient et de ses voyages, de ses témoignages, de ses rencontres avec la société civile surgiront non seulement de nombreux reportages, mais aussi ses écritures fictionnelles. Cette itinérance explique l'arrivée progressive de Minoui à l'écriture littéraire qui démarre en 2001 avec la direction d'un ouvrage collectif intitulé *Jeunesse d'Iran. Les voix du changement.* Il s'agit d'un recueil de récits, photographies et textes poétiques composés par de jeunes Iraniens qui trouvent à travers cet ouvrage la possibilité d'exprimer leur vision d'un pays, le leur, en pleine mutation.

Six ans plus tard, en 2007, à peine rentrée d'un long séjour initiatique en Iran, elle publie *Les Pintades à Téhéran. Chroniques de la vie des Iraniennes, leurs adresses, leurs bons plans*, qui se veut un défi aux clichés et aux silences imposés à travers un regard intime sur le quotidien féminin de la société iranienne. Si le titre peut *a priori* paraître frivole, il cache cependant une porte secrète à un monde interdit et donne accès à la richesse voilée derrière le silence imposé aux femmes en Iran. « À Téhéran, les femmes portent souvent le voile fleuri et transparent, agrémenté de mèches folles peroxydées. Et même si on est au pays du pétrole, tous les hivers, il neige à Téhéran », signalaient Layla Demay et Laure Watrin dans l'avant-propos (Minoui, 2007, p. 15), ce à quoi Delphine Minoui ajoutait : « Cet opus ne prétend pas dresser un tableau objectif de la condition de femme en Iran. Entre carnet de bord et calligraphie contemporaine, c'est avant tout un recueil d'impressions glanées sur le vif, de morceaux de vie, permettant de raconter le quotidien inattendu des Téhéranaises » (Minoui, 2007, p. 18). Dès le titre, le ton colloquial s'impose assurant un effet du réel par sa simplicité, le recours à des phrases courtes et un lexique propre à l'oralité contemporaine.

D'autre part, force est de souligner le poids que l'univers féminin acquiert dans la tissure énonciative. La chronique de la vie des Iraniennes proposée s'accompagne de références concrètes à des femmes dont le témoignage a permis à la rédactrice la reconstruction fidèle de ce quotidien. Loyale aux paratextes qui accompagnent ses écrits, Delphine Minoui remercie pour l'aide apportée par ces véritables protagonistes et leur dédie l'ouvrage : « Ce livre, c'est avant tout votre livre » (Minoui, 2007, p. 7).

En 2009 voit le jour *Moi, Nojoud, 10 ans, divorcée*, une histoire poignante qui chante le courage d'une petite Yéménite, mariée de force à un homme trois fois plus âgé qu'elle et dont elle osa pourtant divorcer. Son histoire avait été saluée à l'époque par la presse et c'est de l'amitié nouée entre la jeune fillette et la journaliste que surgit l'idée de raconter cette histoire si affligeante, en même temps qu'elles avaient décidé de visibiliser une expérience malheureusement partagée par tant d'autres filles. L'avant-propos et l'épilogue portent visiblement la signature de l'adulte et s'opposent à la simplicité du discours de cette fillette de 10 ans. La cruauté de ce qui est raconté est cependant adoucie grâce à l'effet produit par le registre propre aux contes pour enfants, qui nous est offert dès les premières lignes et qui perce le texte d'une subtile intertextualité : « Il était une fois une contrée magique aux légendes aussi incroyables que ses maisons en forme de morceaux de pain d'épices, décorées par de petits traits fins qui ressemblent à des lignes de sucre glace » (Ali et Minoui, 2009, p. 7).

Or, aussitôt la lecture commencée, le ton change et c'est Nojoud qui prend la parole pour devenir l'épicentre actantiel, responsable de la narration en toute simplicité de son histoire. Les dessins de la jeune fillette, reproduits à la charnière des onze chapitres qui composent ce texte, succèdent aux photographies où l'héroïne apparaît accompagnée d'autres actants importants. Il s'agit ici d'une technique qui contribue à bâtir ce double effet d'une main d'enfant qui dessine son quotidien avec des traits simples propres à son âge d'une part, puis d'autre part, la dimension documentaire assurée par les photos et le souci de véracité qu'imprime la journaliste dans sa contribution. Et si l'aventure audacieuse de Nojoud fut connue à l'époque grâce à la diffusion médiatique qu'assura son avocate, ce n'est que par l'acte d'écriture littéraire qu'elle réussira à se perpétuer dans le temps. Le message d'espoir que laisse ce texte n'est pas dépourvu de conséquences, puisque l'avocate est toujours menacée, tandis qu'au sein de sa propre famille une certaine mégarde est ressentie envers la diffusion internationale du divorce. Pourtant, pour Minoui, aider Nojoud à retrouver son sourire et raconter son sort devait prévaloir en raison de son éthique professionnelle et son implication sociale.

Une nouvelle aventure porte notre chroniqueuse en Libye au printemps 2011. Pendant quelques mois, elle aura l'occasion de découvrir la réalité de la ville de Tripoli en guerre. Profitant de son sort privilégié et toujours prédestinée au témoignage journalistique, elle se lance dans la rédaction de son vécu à travers une nouvelle publication qu'elle intitulera *Tripoliwood*. Il s'agit d'un récit composé de 54 chapitres assez brefs en général et rédigés à la première personne. Il sera publié à peine quelques mois après son retour en France, ce qui produit un effet d'immédiateté par rapport aux événements mis en scène. L'auteure nous offre une version des faits qui viennent d'avoir lieu, fort divergente de l'image officielle que veut montrer le gouvernement à la presse internationale, d'où le jeu de mots cinématographique que nous retrouvons dans le titre. C'est ainsi que, sous le regard du reporter de guerre, Minoui observe et note tout, consciente du fait d'être l'une des premières journalistes à entrer à Tripoli. Cette fois-ci, la narration démarre sans préambules ni introduction et les seuls épitextes se situent de nouveau à la fin du livre en forme de remerciements où nous retrouvons une grande partie de ses accompagnants dans cette mésaventure, tel son mari, journaliste lui aussi.

Le style de narration est rapide et mélange adroitement les entretiens avec les échanges en pleine rue, de sorte que les récits des confidents deviennent les véritables protagonistes de cette histoire. Le *je* semble se mimétiser avec l'entourage et la ville se transforme en véritable instance narrative démultipliée. La topographie se nourrit pour sa part d'espaces variés. Paris agit en topos sécurisé où se situe le début de l'aventure, alors que la ville de Tripoli offre à son tour un riche tissage d'espaces internes à la propre cité ; c'est le cas par exemple de l'hôtel Rixos où sont logés tous les journalistes et qui devient « une prison dans une prison » (Minoui, 2011, p. 193). Quant à la chronologie, celle-ci est clairement délimitée grâce aux nombreuses dates fournies qui permettent de reconstruire un axe temporel qui occupe à peine trois mois.

4. *Je vous écris de Téhéran*

Quatre ans après la publication de *Tripoliwood* voit le jour le plus autobiographique des écrits de Delphine Minoui. À mi-chemin entre le journal intime, un échange épistolaire et la chronique journalistique informelle, *Je vous écris de Téhéran* présente la forme d'une longue lettre rédigée durant l'été 2014 et destinée au grand-père de la narratrice, décédé en 1997. Or, si le destinataire ne pourra jamais la lire, elle permet à la protagoniste de retracer et partager avec le lecteur un long voyage en Iran entrepris en 1998 et qui durera jusqu'en 2009. C'est donc le récit d'un long périple au cœur de la société téhéranaise, mais aussi un voyage intérieur en quête de ses racines.

Dès les premières lignes, le lecteur est rapidement ancré dans un axe spatio-temporel bien délimité grâce aux conventions qu'exige l'en-tête de toute lettre ; ainsi nous lisons, « Téhéran, 25 juin 2009 » (Minoui, 2015, p. 9). Par la suite, la description de la scène situe un personnage que le lecteur ne peut s'empêcher d'identifier à l'auteure et qui, à l'intérieur d'un taxi, se dirige vers l'aéroport de Téhéran. La crainte se ressent dans des phrases courtes qui décrivent un départ improvisé et saccadé. Lorsque finalement l'avion décolle, la protagoniste se sent apparemment soulagée, or elle ne tarde pas à confesser : « Le plus pénible, c'est d'abandonner l'Iran à sa page blanche » (Minoui, 2015, p. 10).

Le récit s'arrête brusquement et un nouvel intitulé annonce la nature du récit qui est sur le point de commencer :

> Lettre à Babai, mon grand-père.
>
> Paris, été 2014.
>
> J'ai quitté ton pays sans me retourner. Comment dire adieu à une moitié retrouvée de soi-même ? En ce début d'été 2009, la capitale iranienne pleurait ses martyrs et les cachots débordaient. Le temps d'une élection en trompe-l'œil, nous étions passés du vert espoir au rouge sang. Le rêve d'un changement s'était brisé contre le mur de la répression. Moi, je signais à contrecœur la fin d'un long reportage dont tu détenais le secret. De retour à Paris je n'ai pas pu écrire. Les mots se disputaient ma page. Entre vécu et ressenti. Journaliste, j'étais redevenue citoyenne. J'avais perdu la distance nécessaire pour raconter. Alors j'ai posé ma plume. Longtemps, bien longtemps, avant de me remémorer ces vers de Hafez qu'un jour tu m'offris en cadeau.
>
> Celui qui s'attache à l'obscurité a peur de la vague.
>
> Le tourbillon de l'eau l'effraie.
>
> Et s'il veut partager notre voyage.
>
> Il doit s'aventurer bien au-delà du sable rassurant du rivage. (Minoui, 2015, p. 11)

Le lecteur comprend sans difficulté que le récit du voyage initiatique, en guise de rituel de passage, s'effectuera à rebours et que ces quelques vers du poète Hafez qu'un jour lui offrit son grand-père deviendront le premier cours de persan pour la narratrice, *alter ego* de la journaliste. De même, il s'agit du début d'une quête de ses origines : « C'était à Paris, un matin de novembre 1997. Je ne le savais pas encore, mais, de ce poème, j'allais faire ma profession de foi » (Minoui, 2015, pp. 11–12). La mort inattendue de Babai allume le désir de partir à la découverte, car, dira-t-elle : « De toi, je connaissais si peu. Et de ton pays, encore moins » (Minoui, 2015, p. 12) ; puis elle continue : « Car l'Iran de ma mémoire de gamine, c'était ça et rien d'autre : une terrasse ornée de forsythias, des glaces à l'eau de rose, une piscine gonflable pour patauger et les mélopées du persan en fond sonore. Papa nous y avait envoyées toutes les trois pour les vacances. C'était en août 1978 » (Minoui, 2015, p. 13).

La protagoniste retrace peu à peu son identité linguistique et explique qu'elle se sentait française « à 100 %. Rien chez nous, ne donnait à penser autrement. Nous parlions français. Nous mangions français. Nous rêvions en français » (Minoui, 2015, p. 15). Pourtant, les lettres innocentes qu'elle enverra à son grand-père resté en Iran tisseront un lien presque imperceptible mais qui se raffermira avec la mort de Babai. Un jour, elle décide alors de partir découvrir l'Iran de son grand-père, car, avoue-t-elle : « J'ai repensé à ce poème de Hafez. "S'aventurer au-delà du sable rassurant du rivage". Un poème : c'était tout ce que tu m'avais laissé en héritage. Avec un message entre les lignes. Comme une dette à honorer » (Minoui, 2015, p. 17). C'est à ce moment que le départ s'impose et quelques lignes après nous pouvons lire : « Au comptoir d'une agence de voyages, j'ai demandé un billet pour Téhéran. "Pour combien de temps ?" s'est enquis le vendeur. "Une semaine", ai-je répondu. Au final, j'y resterais dix ans » (Minoui, 2015, p. 18).

La progression de la narration de l'aventure iranienne resitue forcément le lecteur en mai 1998 et cette fois-ci la temporalité avance au fil des événements historiques évoqués traçant ainsi un axe chronologique logique qui aboutira en juin 2009 avec le départ imposé que nous avions lu au début du récit. Agencée élégamment à cette dimension structurelle de la narration, la topographie urbaine réclame également notre attention. L'écrivaine s'attarde à dépeindre les espaces parcourus, transposant avec précision photographique l'ambivalence caractéristique de la société iranienne ; à savoir, cet équilibre frêle et subtil entre le dehors et le dedans. L'*andaroun* et le *biroun*, termes employés par l'instance narrative, apparaissent ainsi comme une mosaïque composée d'une part d'espaces ouverts comme le campus universitaire, les rues de Téhéran, les montagnes enneigées, le petit courant d'eau qui parcourt la ville ou des bâtiments emblématiques ; puis, d'autre part, le bourdonnement des foyers téhéranais, les soirées interdites chez les amies ou les trésors cachés chez sa grand-mère, un autre micro-univers intime où la protagoniste découvre cette nouvelle figure parentale. Ce sera par ailleurs l'occasion d'accéder aussi à des facettes moins connues de son grand-père par la médiation des souvenirs gardés par la grand-mère.

Outre cela, le regard enquêteur de la journaliste, sensible et complice en même temps, dévoile une riche fresque sociale qu'elle découvre au fil de ses rencontres. Elle observe, parle et réussit à s'y intégrer jusqu'à en faire partie. L'expérience qu'elle recueille dans ce texte contredit de cette façon l'image d'une société trop souvent cloîtrée dans les clichés du voile et du radicalisme. Dans ce roman, les voix et les tonalités s'enchevêtrent pour composer le bouleversant tableau d'une société en évolution, désireuse d'avancer et bouillonnante de vie.

L'univers féminin[1] réclame au même titre notre attention. Les noms des personnages fusent au fil des pages ; nous repérons notamment Niloufan, une femme iranienne mais occidentale dans ses coutumes et ses savoir-faire ; Sepideht et Leïla, guides fidèles dans ses premiers déambulements entre l'*andaroun* et le *biroun* à son arrivée à Téhéran ; ou sa grand-mère, cet être apparemment distant qu'elle apprendra à aimer et qui la rapprochera davantage de la figure admirée du grand-père.

Nous pouvons affirmer en outre que l'acte d'écriture de ce périple initiatique permet à la narratrice de raffermir le lien soudé dès l'enfance avec cet Iran lointain hérité et accolé à son nom de famille. Partir à la découverte de l'Autre et soi-même, une aventure qu'elle transcrira dans un style simple, limpide, propre d'une journaliste qui observe, se situe à l'affût de la nouvelle pour comprendre cette identité voilée sous son nom de famille. Elle était en dette avec son grand-père. Cette longue lettre qu'elle lui dirige lui permettra de se reconnaître entre deux langues et deux cultures et de vivre heureuse et fière de l'entre-deux.

Le voyage qu'elle entreprit il y a dix ans pour découvrir ses racines ne s'est pas encore achevé, car au fond elle n'y est plus partie. Fidèle à sa technique de clôture des récits par des remerciements, Delphine Minoui nous avoue qu'il fallait trouver le courage d'exprimer « ce "moi" enfoui sous un voile de pudeur. De me raconter pour mieux raconter les autres » (Minoui, 2015, p. 355), autrement dit, passer du simple témoignage journalistique auquel elle se prédestinait vers une écriture au plus près de soi qui, en plus, lui servira à appréhender ce pays à jamais.

Notons le recours, une fois de plus, à l'imbrication de formes narratives déjà observée dans les œuvres précédentes. Ainsi, au genre épistolaire que le lecteur repère sans difficulté grâce aux en-têtes en début de section viennent s'ajouter les caractéristiques des littératures de terrain dont parlait Viart (2019) dans son article éponyme. Nous pouvons

---

[1] Force est de rappeler que c'est justement de cet intime vécu au féminin dans le monde voilé et caché de l'*andaroun* que Delphine Minoui s'était nourrie pour rédiger son livre *Les Pintades à Téhéran*.

conclure que *Je vous écris de Téhéran* nous livre une fiction propre au reporter du XXIe siècle, au sens que lui attribuait Boucharenc (2011). Un voyage vers les racines familiales qui inspire le désir de raconter et, même si l'instance narrative suggère une forte empreinte autofictionnelle, elle ne tarde pas à se diluer progressivement au profit de la fresque sociale qu'elle dépeint, de sorte que les amis, la famille, la société rencontrée se transforment rapidement en véritables protagonistes de cette aventure livresque.

Vers la fin du récit, le ton devient plus intime et permet au lecteur de comprendre le départ saccadé qui ouvrait le récit :

> Je repense à mon départ précipité d'Iran, au terme de ce long périple dont tu étais l'initiateur. Le 25 juin 2009, je refermais contre mon gré la porte d'un pays condamné à la page blanche. C'est la crainte de tous ces souvenirs périssables qui m'a poussée à prendre la plume pour te dédier ce récit. Petite, je me souviens, je t'adressais mes lettres de Paris, rongée par la peur que tu ne disparaisses de ma mémoire, toi qui habitais dans cet Iran si lointain. Je glanais alors tout ce que je trouvais d'histoires, d'anecdotes, de détails, parfois anodins, pour les garder éveillés sur du papier. J'étais persuadée que, par ce moyen, je parviendrais à te maintenir en vie. Des années plus tard, lorsqu'à Téhéran on venait de me pousser définitivement vers la sortie, la même obsession m'animait : écrire pour ne pas oublier. (Minoui, 2015, p. 348)

La lecture des pages qui s'ensuivent offre des pistes pour reconstruire sa trajectoire et la source d'inspiration de ses autres productions : « Au début du "printemps arabe", je suis repartie sur la route du reportage, en direction d'autres révoltes : tunisienne, égyptienne, libyenne, syrienne… Rongée par la peur de rouvrir la valise iranienne et d'affronter le noir souvenir des amis disparus, j'écrivais sur d'autres martyrs, dont la mort était tout aussi violente, parfois plus » (Minoui, 2015, pp. 349–350).

Les dernières lignes nous laissent comprendre que la narratrice parle à son grand-père lors d'une de ses visites au cimetière : « La prochaine fois, je viendrai plus tôt. Et j'amènerai Samarra [la fille de la protagoniste]. Ensemble, nous lirons des poèmes de Hafez et je lui parlerai de celui qui m'a fait redécouvrir ma part d'invisible » (Minoui, 2015, p. 353).

Les remerciements fournissent de nouveau des pistes pour appréhender la difficulté de ce projet d'écriture et l'ampleur de ce qu'elle envisageait ; la lenteur dans l'écriture d'une part, mais aussi le temps mis à achever cet ouvrage :

Près de sept années se sont effectivement écoulées entre l'ébauche de ce projet, en 2007, et le point final, en 2014. Sept années d'écriture discontinue, d'introspection, de gribouillage et de réécriture pour aboutir à un fil narratif beaucoup plus personnel que le simple témoignage journalistique auquel je me prédestinais.

Par souci d'objectivité, la reporter que je suis avait acquis le réflexe d'envelopper ses peurs dans du papier d'emballage, préférant se réfugier derrière les faits plutôt que d'exprimer son ressenti. (Minoui, 2015, p. 355)

5. *Les Passeurs de livres de Daraya* ou la dimension documentaire de l'écriture

Paru en 2017, *Les Passeurs de livres de Daraya : une bibliothèque secrète en Syrie* confirme une vocation littéraire au ton journalistique qui puise dans les expériences vécues, les soumet au regard de l'observateur et tire avantage du savoir-vivre de celle qui est mêlée à la société d'accueil mais sait aussi enquêter pour aller au-delà de l'individuel.

Fidèle à son métier et à sa vocation de médiatrice des sans-voix, notre écrivaine nous propose une nouvelle histoire à mi-chemin entre le reportage et le récit de témoignage sous l'angle d'une fiction qui présente une soudure imperceptible entre l'histoire racontée et l'ensemble des entretiens nécessaires à la reconstruction des faits racontés. Cette compilation de voix diverses déclenche nécessairement une polyphonie énonciative capable d'intégrer la voix de la narratrice et les déclarations des sujets rencontrés.

Le prologue expose les motivations qui sont à l'origine de ce projet d'écriture, un schéma par ailleurs habituel chez cette auteure. Un *je* regroupant à la fois narratrice et écrivaine s'adresse ainsi au lecteur pour lui expliquer la découverte hasardeuse sur les réseaux sociaux de quelques photos évoquant une bibliothèque secrète à Daraya. Elle se donne alors comme mission de suivre son flair journalistique et sa curiosité innée, ce qui la porte à enquêter et à suivre la piste d'Ahmad Moudjahed, un des cofondateurs de la bibliothèque secrète et interlocuteur privilégié avec qui elle entame un riche échange d'information au fil des vidéoconférences.

Les paroles d'Ahmad s'érigent en source fidèle d'information pour reconstruire l'aventure audacieuse de fonder ce trésor de savoir, paix et liberté au cœur même de Daraya, une banlieue rebelle de Damas, encerclée et bombardée en 2012 par Bachar Al-Assad parce qu'elle a accueilli le soulèvement pacifique du printemps syrien en 2011. Elle signale : « Ahmad sera mon guide. Je serai son oreille attentive. Et je lui fais une promesse : qu'un jour, ce livre, le leur, rejoindra les autres volumes de la bibliothèque. Il sera la mémoire vivante de Daraya » (Minoui, 2017, p. 14).

Cet aveu est aussi la confirmation d'une vocation de conteuse, de journaliste qui aime témoigner des petites histoires voilées sous la grande Histoire, ces histoires qui l'interpellent, la hantent et la captivent, dira-t-elle (Minoui, 2017, p. 12).

Les ancrages temporels, discrètement parsemés dans le texte, permettent de reconstruire sans difficulté un temps interne au récit qui démarre dans le prologue le 15 octobre 2015 et porte le lecteur jusqu'au 26 août 2017, date où l'épilogue qui clôt le récit a été rédigé. Un total de presque vingt-deux mois au cours desquels les références récurrentes aux événements historiques dessinent le tréfonds historique qui agit en décor de l'histoire racontée.

Pour sa part, la topographie pivote autour de trois emplacements bien délimités. D'une part, Istambul, le poste d'observation d'où la narratrice entame son récit et qui est juste évoqué dans l'en-tête du prologue et de l'épilogue ; puis, d'autre part, les deux univers syriens annoncés dans le titre et qui vont faire l'objet de riches réseaux isotopiques pour dire et décrire aussi bien la ville assiégée que la bibliothèque secrète qui se cache dans ses entrailles.

La plume de Minoui compose à l'occasion un florilège détaillé de désignations pour contourner et désigner Daraya, « la rebelle, l'assiégée, l'affamée » (Minoui, 2017, p. 11), cette banlieue de Damas, écrasée par les forces de Bachar al-Assad en 2012 et qui réussira malgré tout à abriter un espace de liberté sous les bombes. Ce premier réseau isotopique place donc Daraya en épicentre autour duquel se tisse un nombre considérable de termes qui renvoient à la guerre. Une ville qui « ne se lit plus à l'horizontale, mais à la verticale » (Minoui, 2017, p. 79). Une « cité martyre » et « enclave assiégée » (Minoui, 2017, p. 90).

À l'opposé, la bibliothèque s'érige en symbole de liberté et les nombreuses expressions qui pivotent autour de ce havre de paix contribuent à reconstruire une image complète du deuxième élément axial de la coordonnée spatiale de cette histoire. La narratrice joue avec des syntagmes où elle met en valeur la dimension secrète, cachée de cet espace où pourtant la lecture assure la liberté ; c'est le cas par exemple de « une cave à livres » (Minoui, 2017, p. 80) ou « un antre de papier » (Minoui, 2017, p. 81), pour ne citer que quelques expressions.

La bibliothèque s'apparente ainsi à un espace incertain qui accueille une population capable de survivre en marge de la vision officielle que veut offrir le régime. Lire, c'est avoir le droit à l'espoir, mais aussi à la vie. C'est donc une histoire qui chante la littérature comme espace infini de savoir et de liberté.

Au style épuré qui aime les phrases courtes viennent s'ajouter des descriptions qui s'arrêtent sur les détails essentiels et rappellent le regard du photographe offrant rapidement une vue d'ensemble d'une scène que le lecteur recompose sans difficulté.

En temps de guerre, c'est le monde masculin qui occupe une place de choix, or avec le répit de la guerre, la narratrice en profite pour enrichir l'univers actantiel avec l'incorporation des femmes, ces grandes invisibles qui « font enfin leur apparition dans la rue. Ombres échappées des ténèbres, elles s'aventurent de nouveau en dehors des abris. Sortir n'est plus une épreuve. Elles respirent de l'absence du vacarme d'acier, retrouvant le chemin des conversations anodines, tissées de ces menus problèmes qui font le sel de la vie » (Minoui, 2017, p. 92).

Au milieu de cette narration sur la création de ce « bunker de papier » (Minoui, 2017, p. 96) dans les profondeurs de Daraya, la journaliste sertit avec simplicité et au moyen de phrases très courtes sa propre aventure avec une bibliothèque en toile de fond. L'histoire personnelle s'emboîte ainsi dans le grand récit et nous voyons réapparaître Samarra, sa fille, que nous avions découverte dans *Je vous écris de Téhéran*. Au moyen d'un ton propre au monde des enfants, l'auteure réussit à raconter un épisode terrible. Nous découvrons une poétique propre à Delphine Minoui et sa capacité à évoquer et reconstruire des scènes comme s'il s'agissait d'un reportage, mais cette fois-ci mêlant l'intime à la chronique par des détails simples et par une touche enfantine et tendre, sans toutefois perdre le goût de l'objectivité et du témoignage qui font d'elle une conteuse fabuleuse :

Et elle me rappelle que c'est samedi, et qu'à 11 heures c'est l'heure du conte à l'Institut français. Cet instant si précieux, qui n'appartient qu'à nous deux. Nous enfilons nos manteaux, chaussons nos bottes – la météo annonce de la pluie – avant de descendre dans la rue. Sa main dans la mienne, nous arpentons les allées qui mènent à Taksim. […] Prendre sa petite main. Traverser le jardin qui mène à la médiathèque. En bas, personne n'a entendu la détonation. Les livres ont fait rempart. [...] C'est l'heure du conte, et, dehors, les ambulances sont en furie. C'est l'heure du conte, et Alfred est un chien gourmand qui aime manger des os. C'est l'heure du conte, et les nouvelles s'affolent sur mon smartphone. [...] Julie tourne les pages. Rires d'enfants. Alfred est un chien magique qui transforme les visages en soleil. Derrière la muraille de livres, Istambul saigne, touchée au cœur. Les étoiles de la fiction contre les étincelles de la réalité. (Minoui, 2017, pp. 95–97)

La fin de l'histoire de ce « rêve de papier » (Minoui, 2017, p. 163) a lieu subitement avec le départ d'Ahmad et la mort de son compagnon Omar. Une fois de plus, les remerciements attribuent au récit sa véritable dimension, écrire pour ne jamais cesser de vouloir témoigner, même si comme nous l'avons signalé auparavant elle ne pourra tenir qu'à moitié sa promesse. En effet, son livre ne rejoindra pas les étagères de Daraya. Néanmoins, il sera célébré par la critique et fera même l'objet d'un documentaire fort bien accueilli par le public, rendant encore plus visibles l'exploit et la victoire d'Ahmad et de ses fidèles compagnons.

6. Delphine Minoui et sa contribution aux xénographies francophones contemporaines

L'étude des productions fictionnelles de Delphine Minoui a mis en lumière la présence dans son écriture d'éléments caractéristiques des xénographies francophones contemporaines (Alfaro, Sawas et Soto, 2020). Cette désignation permet de regrouper des formes d'écritures variées, souvent dans les marges des conventions romanesques. Chez Minoui, l'acte d'écriture sert aussi à raconter l'expérience du voyage au sens littéral et symbolique dans toute son ampleur.

Sous cet angle, *Je vous écris de Téhéran* s'apparente à un discret observatoire de la société iranienne au sein de laquelle elle séjournera pendant dix ans, où le regard et l'art de raconter du journaliste s'avèrent essentiels pour transmettre au lecteur une fresque complète d'un univers banni aux Occidentaux. Comme nous l'avons montré, la perspective autofictionnelle se dissout rapidement au profit des témoignages et du souci de rapprocher du lecteur occidental la richesse de cette société. À la différence d'autres écrivaines chez qui l'autofiction s'impose et parcourt sans cesse l'acte d'écriture, cette auteure réussit à délayer les références autofictionnelles au profit des personnages qu'elle met en scène. Elle s'adonne ainsi à un journalisme de terrain, toujours attentif non pas aux êtres qui font l'histoire, mais à ceux qui la subissent. Dans *Les Passeurs de livres de Daraya*, un autre élément vient s'ajouter, l'inquiétude de donner voix à des êtres soumis au silence. Le souci de justice médiatise ainsi la narration des faits.

Comme on l'a signalé auparavant, aborder la trajectoire littéraire de cette journaliste permet de valoriser des histoires singulières qui risquaient de se perdre dans l'oubli et qui sont pourtant essentielles à la reconstruction de l'histoire. Les écrits fictionnels de cette journaliste illuminent des aspects sombres de sociétés où les droits des hommes et des femmes ne sont pas toujours respectés. Par leur valeur testimoniale, mais aussi par leur portée sociale, ses ouvrages enrichissent la littérature francophone contemporaine.

« À la faveur de telles pratiques se forge une éthique de la responsabilité qui replace l'écrivain au cœur de la communauté », affirmait Dominique Viart (2019, p. 20), tout en mettant en exergue ces écrits littéraires à portée sociale. Nous partageons sans doute la pensée de ce critique et considérons que la trajectoire créative de Delphine Minoui illustre cet engagement vis-à-vis des réalités inaperçues. Dans chacune des histoires qu'elle nous livre, nous percevons un acte volontaire de mettre en avant l'autre, ceux et celles qui ont vécu l'histoire. La dimension autofictionnelle est donc volontairement renvoyée à un second plan ; le « je » qui écrit le fait dans un acte de dépouillement qui prime sur la dénonciation des injustices et porte témoignage à travers une écriture engagée.

Références bibliographiques

Alfaro, M., Sawas, S. et Soto, A. B. (dir.) (2020). *Xénographies féminines dans l'Europe d'aujourd'hui*. Bruxelles : Peter Lang.

Ali, N. et Minoui. D. (2007), *Moi, Noujoud, 10 ans, divorcée*. Paris : Michel Lafon.

Boucharenc, M. (2011). Nouvelles fictions du reporter au XXe siècle. *Interférences littéraires/Literaire Interferenties*, 7, pp. 115–125.

Boucharenc, M., Martens, D. et Van Nuijs, L. (2011). Croisées de la fiction. Journalisme et littérature. *Interférences littéraires/Literaire Interferenties*, 7, pp. 9–19.

Genette, G. (2004). *Fiction et diction*, précédé d'*Introduction à l'architexte*. Paris : Le Seuil, coll. « Points Essais ».

Minoui, D. (2017). *Les passeurs de livres de Daraya : une bibliothèque secrète en Syrie.* Paris : Le Seuil.

Minoui, D. (2015). *Je vous écris de Téhéran.* Paris : Le Seuil.

Minoui, D. (2011). *Tripoliwood.* Paris : Grasset.

Minoui, D. (2007). *Les Pintades à Téhéran. Chroniques de la vie des Iraniennes, leurs adresses, leurs bons plans.* Paris : Jacob-Duvernet, coll. « Le Livre de poche ».

Minoui, D. (dir.) (2001). *Jeunesse d'Iran. Les voix du changement.* Paris : Autrement.

Suter, P. (2010). *Le journal et les Lettres. De la presse à l'œuvre* (vol. 1). *La Presse dans l'œuvre : vers une écologie littéraire* (vol. 2). Genève : Métis Presses, coll. « Voltiges ».

Viart, D. (2001). Écrire au présent : l'esthétique contemporaine. *Le temps des lettres : quelles périodisations pour l'histoire de la littérature française du 20ᵉ siècle.* Rennes : Presses universitaires de Rennes, pp. 317–336. doi:https://doi.org/10.4000/books.pur.33321

Viart, D. (2019). Les littératures de terrain. *Revue critique de fixxion française contemporaine, 19,* pp. 1–13. http://www.revue-critique-de-fixxion-francaise-contemporaine.org/rcffc/article/view/fx18.20

Ruffel, L. (2012). Un réalisme contemporain : les narrations documentaires. *Littérature, 166,* pp. 13–25.

Chapitre 8

Retour et identité dans *L'imprudence* de Loo Hui Phang

Diego Muñoz
Universidad de Alcalá

1. Introduction

Loo Hui Phang est une auteure, réalisatrice et scénariste de bande dessinée française née au Laos en 1974 dans une famille appartenant à la communauté vietnamienne de ce pays. Sa famille a dû déménager en France pour des raisons politiques et s'est installée à Cherbourg, en Normandie, peu de temps après la naissance de Loo.

Le nom de Loo Hui Phang est associé à l'univers de la BD francophone depuis presque vingt ans[1]. Bien qu'elle ait publié quelques livres pour enfants à la fin des années 1990 en collaboration avec Jean-Pierre Duffour, c'est en 2004 que son premier roman graphique, *Panorama*, est publié. Par la suite, elle a publié plus d'une dizaine d'albums en collaboration avec différents auteurs de renom de la bande dessinée francophone, comme Michaël Sterckeman (*Cent mille journées de prières*, 2011), Philippe Dupuy (*Les enfants pâles*, 2012) ou encore Frederik Peeters (*L'odeur des garçons affamés*, 2016). Cette carrière fructueuse lui a valu plusieurs distinctions, dont le prix René Goscinny du scénario en 2021, récompense obtenue grâce à son dernier ouvrage, *Black-out*, paru en 2020.

Il convient de souligner que Loo Hui Phang est une personnalité polyvalente dans le milieu culturel français, que nous ne pouvons pas limiter au domaine du neuvième art. En effet, elle a également réalisé des courts métrages, des clips vidéo, des installations artistiques et écrit des

---

[1] En 2017, le très prestigieux Festival international de la bande dessinée d'Angoulême a consacré une exposition à l'ensemble de son travail intitulée *Synoptique*.

pièces de théâtre. Cependant, elle a attendu jusqu'en 2019 pour publier son unique roman à ce jour, *L'Imprudence*, édité chez Actes Sud. Salué par la critique, ce roman autofictionnel a remporté le prix Léopold Sédar Senghor du premier roman francophone et francophile en 2020. Le jury a décrit ce premier roman comme « sensuel et audacieux, qui allie la délicatesse du style à l'acuité du regard, désigne la transgression des prophéties familiales comme une nécessité vitale et révèle le corps comme seul réel territoire de liberté » (Prix Senghor, 2020, en ligne).

L'Imprudence est un roman où les thèmes de la famille et de la découverte de la corporalité féminine jouent un rôle central. Dans ce récit, Loo Hui Phang fera des allers-retours entre la réalité et la fiction, puisque les correspondances entre la vie de la protagoniste du roman et celle de l'auteure sont nombreuses et identifiables. *L'Imprudence* raconte l'histoire d'une jeune femme, photographe d'origine vietnamienne, née au Laos et émigrée en France qui, suite au décès de sa grand-mère, doit retourner dans la petite ville laotienne de Savannakhet, située sur les rives du fleuve Mékong. Accompagnée de sa mère et de son frère, avec qui elle entretient une relation assez compliquée, elle se rend là-bas pour assister aux funérailles. Cet événement, qui « d'un trait net coupe [sa] vie en deux » (Loo, 2019, p. 15)[2], provoquera un véritable tournant dans la vie de l'héroïne et de son frère.

Ce retour au pays, « un retour sans joie » (Loo, 2019, p. 29) pour la narratrice, constitue l'occasion de renouer les liens avec son frère, en proie à une grave dépression en France, et avec son grand-père, ainsi que de trouver des points en commun entre elle-même et son pays d'origine afin de mieux comprendre qui elle est et d'où elle vient. Installée à Paris depuis l'âge de dix-huit ans, l'héroïne mène une vie assez éloignée de la tradition vietnamienne, et la mort de sa grand-mère la conduit à découvrir des aspects de l'histoire familiale qui avaient été cachés ou ignorés jusqu'alors. En même temps, elle essaiera de déchiffrer et d'accepter son identité individuelle hybride à travers les espaces, les personnes et les souvenirs du pays d'origine.

Comme précédemment mentionné, *L'Imprudence* est un roman d'autofiction, où l'auteure réinterprète des éléments réels de sa propre vie pour les transformer en fiction. Il est important de rappeler les mots du

---

[2]   Nous avons choisi de citer l'auteure par son nom de famille vietnamien, Loo, même si celui-ci se place devant le prénom.

théoricien de la littérature Vincent Colonna à ce sujet : « En devenant un personnage fictif, l'écrivain s'introduit dans un espace qui lui est ordinairement interdit, qui n'émerge et ne se conserve d'habitude que par son absence »[3] (Colonna, 1989, p. 302). Ainsi, Loo Hui Phang s'introduit dans *L'Imprudence* à travers son *alter ego*, la narratrice du roman, et y devient l'un des personnages. Le lecteur se trouve donc devant un récit fictionnel contenant des éléments autobiographiques, ce que Philippe Lejeune qualifie de pacte romanesque, conformément à la terminologie qu'il utilise dans son ouvrage incontournable *Le pacte autobiographique*. Dans cette perspective, « la nature de fiction du livre est indiquée sur la page de couverture » et « le récit autodiégétique est alors attribué à un narrateur fictif » (Lejeune, 1975, p. 29). Ce pacte romanesque crée une frontière ambiguë entre la réalité et la fiction, et c'est précisément dans cette ambiguïté que le lecteur identifie *L'Imprudence* comme un exemple d'autofiction.

À ce sujet, Loo Hui Phang, lors d'une intervention dans l'émission culturelle *Vertigo* de la chaîne suisse RTS, en août 2019, assure que dans son œuvre littéraire il y a toujours eu des similitudes avec sa vie mais que « le filtre varie », pour ajouter que, dans le cas de *L'Imprudence*, « ce filtre est plus transparent » (Droux, 2019, en ligne). Puis, l'auteure précise que, dans ce roman, « la fiction est un travestissement pour raconter des choses intimes » et que, même si son propre parcours familial est la matière de départ, « l'autobiographie n'est qu'un support » (Droux, 2019, en ligne) pour la fiction. En effet, c'est sur son histoire familiale qu'elle a bâti l'échafaudage fictionnel de *L'Imprudence*.

L'une des caractéristiques les plus courantes de l'autobiographie est l'utilisation de la première personne du singulier comme voix narrative, et cette narration autodiégétique s'impose également dans de nombreux récits autofictionnels. Comme l'a souligné Lejeune (1975, p. 15), « l'identité du narrateur et du personnage principal […] se marque le plus souvent par l'emploi de la première personne ». Cependant, dans le cas de *L'Imprudence*, la voix de la narratrice présente une particularité peu commune dans ce type de littérature. En effet, ce qui prédomine dans le roman c'est un discours rédigé à la deuxième personne du singulier, s'adressant au personnage de son frère. Comme s'il agissait d'une lettre,

---

[3] Il s'agit d'un aspect de la métalepse que proposait Genette, la rupture des conventions qui régissent la fiction.

elle lui pose des questions, lui raconte des faits et des souvenirs d'enfance et lui décrit les sentiments qu'elle éprouve lors de son retour à Savannakhet. Cette utilisation reste peu courante dans l'univers de l'autofiction – et de la narration en général – et surprend le lecteur, plutôt habitué aux confessions d'un *je* ou au récit des événements d'un *il* ou d'une *elle*.

En ce qui concerne les personnages principaux du roman, ni la narratrice, ni son frère, ni aucun membre de la famille ne sont appelés par leurs noms ; ils ne sont identifiés que par leur lien de parenté, le plus fréquemment en français mais aussi en chinois, comme dans le cas de Wàipó, la grand-mère[4] dont le décès déclenche le récit. À travers ce choix onomastique, l'auteure aurait souhaité, à notre avis, mettre en évidence les personnages les plus importants du roman en soulignant leur rôle au sein de la structure familiale, de manière descriptive et en même temps plus significative que si elle leur avait attribué des noms propres. Les termes *mère* ou *frère* posséderaient donc une signification *per se* dans le récit, que le choix d'un nom propre aurait pu effacer. En revanche, il y a des personnages secondaires dont le lecteur peut connaître le nom : c'est le cas de Thu, la voisine vietnamienne, ou de Florent, l'amant parisien. Il y a même un troisième cas de figure, le personnage appelé *l'Américain* dont on ne connaît que la nationalité et qui fonctionnera en tant qu'archétype de l'Occidental expatrié en Asie du Sud-Est.

Une autre singularité du roman que nous tenons à signaler, c'est la présence d'éléments érotiques dans la narration. Loin d'être une œuvre uniquement basée sur la thématique du retour, ces éléments nous aident à mieux comprendre la vie présente de la narratrice, son déracinement, sa quête de soi. À Paris, protégée par l'anonymat de la grande ville, elle mène une vie sexuelle très active. Il s'agit, en quelque sorte, de la rébellion du corps et du désir contre la tradition vietnamienne que ses parents voulaient lui imposer : « Je ne suis pas innocente, je suis une fille qui aime les garçons, qui en a connu beaucoup. Je suis comme cela. Je ne veux pas d'un gentil mari que nos parents auraient choisi pour moi, aussi vietnamien et sérieux soit-il » (Loo, 2019, p. 8). Lors de son retour à Savannakhet, elle connaîtra un mystérieux Américain, avec qui elle redécouvrira le désir sexuel après l'événement tragique qui l'a emmenée au Laos.

---

[4] Une partie de la famille de Loo Hui Phang est d'origine chinoise, d'où le choix de l'anthroponyme en chinois. Elle explique ce sujet dans l'installation artistique *Outside*, mise en scène à Taïwan en 2017, à l'occasion du Taipei Art Festival.

Après avoir brièvement présenté ces quelques caractéristiques de *L'Imprudence*, nous allons consacrer notre travail à l'analyse du rapport existant entre les concepts de retour et de quête de l'identité chez notre narratrice, *alter ego* de l'auteure. En tant que motifs littéraires, le retour et la quête se trouvent à la base de nombreux chefs-d'œuvre de la littérature occidentale et, en même temps, ils seront aussi facilement repérables dans les écritures xénographiques contemporaines. En fait, pour l'auteur déterritorialisé, retourner et chercher sont deux pulsions, deux forces motrices qui marquent son parcours de vie. C'est bien le cas de la narratrice de *L'Imprudence*, nous observons que ces deux concepts – retour et quête – sont présents depuis l'adolescence, une période souvent turbulente, quand on commence à questionner ses origines et son identité :

> Souvent à une enfance calme et apaisée, succède une adolescence mouvementée, où les questionnements se bousculent. Une question notamment émerge : celle des origines. L'altérité visible et les visions sociétales lui renvoyant son image comme étant celle d'un étranger encouragent ces questionnements et la quête identitaire de l'adolescent. C'est une quête longue, un processus complexe, se poursuivant jusqu'à l'âge adulte. (Mazeaud *et al.*, 2015, p. 231)

Dans la deuxième section de ce travail, nous aborderons l'analyse de l'identité du point de vue groupale, c'est-à-dire la manière dont la narratrice-protagoniste agit au sein de sa famille, son rapport aux autres membres et le processus d'acculturation qui a lieu entre la culture du pays d'origine et celle du pays d'accueil. La troisième section, quant à elle, sera consacrée au côté individuel et intime de cette quête identitaire, ainsi qu'à l'analyse de la construction de sa personnalité autour de la pulsion sexuelle.

2. Retour et identité dans le groupe : une quête à travers les espaces et les mots

Pour la narratrice-protagoniste de *L'Imprudence*, le retour « sans joie » (Loo, 2019, p. 26) au Laos constitue son troisième voyage dans ce pays d'Asie du Sud-Est, qu'elle avait quitté à l'âge d'un an. N'y ayant fait que deux courts séjours lors des vacances scolaires, l'image qu'elle possède de la ville frontalière de Savannakhet est fondée sur les souvenirs que sa famille lui a transmis, plutôt que sur ses propres expériences. Il s'agirait donc d'une image évoquée de la vie dans ce coin du Laos. Cette fois-ci, en revanche, cette image deviendra réelle. Elle s'apprête à passer trois semaines dans une maison endeuillée, très loin de sa vie parisienne et de ses amants, ce qui lui semble une traversée assez dure à surmonter :

> Notre mère, toi et moi resterons avec notre grand-père aussi longtemps que possible. Trois semaines en ce qui me concerne, deux mois pour vous. Voilà notre programme familial. Comment surnagerons-nous dans cette traversée ? Tiendras-tu sans ton shit et ton ordinateur ? Comment ferai-je sans un Florent opportun pour me faire l'amour chaque fois que j'en aurai besoin ? (Loo, 2019, p. 24)

En effet, passer autant de temps en compagnie de trois membres de sa famille avec lesquels elle entretient des relations distantes – son grand-père – ou très compliquées – sa mère et son frère – représentera un défi considérable pour la jeune protagoniste du roman, dont la personnalité indépendante n'est plus habituée aux traditions vietnamiennes. Comme nous l'avons déjà mentionné dans la section précédente, elle avait quitté la maison familiale de Cherbourg à l'âge de dix-huit ans pour tenter sa chance comme photographe à Paris, où elle vit librement, débarrassée du poids de l'exil familial. C'est pourquoi ce séjour à Savannakhet mettra à l'épreuve la complexité des relations familiales, notamment celle avec son frère.

Retourner au Laos symbolisera aussi se confronter aux racines et aux plaies ouvertes de l'exil. Marcher dans les rues proches du Mékong, boire le thé typique de la ville, s'allonger de nouveau sur le lit de Wàipó ou regarder un film dans le cinéma délabré sont des actes minuscules en apparence mais qui opèrent des changements décisifs sur les personnages du roman. En outre, revisiter les lieux de l'enfance, même si ce sont des endroits construits au niveau de l'imaginaire grâce aux souvenirs des autres, constitue aussi et avant tout un voyage dans le temps : « La superposition de l'espace physique et temporel est ici clairement exprimée : le retour au pays natal est un retour à l'enfance elle-même, enfance qui resurgit tel un spectre dans le présent poreux de la narration » (Lebel, 2018, p. 103). La quête identitaire de la narratrice à travers les espaces de Savannakhet sera donc une plongée dans l'histoire de sa famille afin de remplir le fossé creusé entre la mémoire du groupe et la réalité observable.

Parmi tous les espaces du roman, nous considérons la modeste maison familiale – « Une âpre carcasse de ciment à l'aménagement minimal, un lieu de survie. » (Loo, 2019, p. 30) –, un espace clé dans la quête existentielle de la narratrice. Ce territoire intime avait été jusqu'à ce moment-là un espace évoqué, reconstruit grâce aux souvenirs de son frère :

> Tes impressions d'enfance ont prêté de la chair à cet endroit, et cette vision attendrie s'était imposée à moi. Puisque ce lieu ne suscitait en moi aucune émotion, je m'en remettais à toi. Je faisais mienne ta mémoire. À travers elle, je pouvais considérer ce lieu comme familier, y projeter mes fictions familiales et croire, après tous ces arrangements, que j'avais le souvenir d'avoir vécu ici. (Loo 2019, p. 30)

Maintenant, la maison existe dans la vie réelle. Le lit où est morte la grand-mère, la terrasse où fume le grand-père et la cuisine où la mère s'affaire à remplir ses tâches ménagères sont des endroits qui n'appartiennent plus au domaine de l'imaginaire, mais à celui du réel. Tout ce qui existe dans cette maison contribue à recomposer ce passé jusque-là fabuleux. En fait, c'est en fouillant parmi les objets que sa grand-mère avait soigneusement conservés dans les chambres de cette demeure près du Mékong que la narratrice redécouvre l'histoire intime des membres de sa famille : son grand-père et sa grande histoire d'amour des temps de la colonisation française, les vraies origines familiales de sa grand-mère, sa mère se comportant en fille obéissante ou l'enfance de son frère, qui s'efforce de sortir du gouffre de la dépression. L'espace retrouvé de la maison laotienne posséderait donc un certain effet guérisseur sur la protagoniste, qui réussit finalement à assembler les pièces du puzzle familial.

Dans ce puzzle, nous voulons souligner l'importance du personnage du frère, qui occupe une place dominante dans le récit. D'abord, il est le destinataire des pensées de la narratrice, car c'est à lui qu'elle s'adresse à la deuxième personne tout au long du roman. Et puis, il est aussi une sorte d'anti-héros quand il critique l'identité de sa sœur à plusieurs reprises, qu'il juge trop assimilée à la société française. En même temps, le frère se moque des « mœurs étrangères » (Loo, 2019, p. 25) et décadentes de sa sœur et considère qu'elle ne pourra jamais être une Française, puisqu'elle est et sera une Vietnamienne, comme s'il s'agissait d'une étiquette immuable collée sur le visage :

> Nous sommes vietnamiens. Nos grands-parents ont quitté le Viêtnam pour s'installer au Laos pendant la colonisation française. Ils ont appris des langues étrangères mais ils ont adopté une autre terre et recréé leur communauté, avec d'autres Vietnamiens exilés. Où qu'ils soient, les Vietnamiens restent des Vietnamiens. C'est ça, ton identité. Tu as beau avoir grandi ici,

sans aucun souvenir de notre pays, tu n'es pas française. Tu es et tu seras toujours une Vietnamienne. (Loo, 2019, pp. 24–25)

Mais, que signifie être une vraie Française ou une vraie Vietnamienne ? Comment réconcilier dans une seule personne et dans un seul corps l'âme du pays d'origine et celle du pays d'accueil ? Peut-on mesurer le degré de *francitude* chez une personne qui n'a jamais vécu ailleurs qu'en France ? Le drame identitaire des enfants de migrants réside dans le difficile équilibre entre la culture d'origine et la société d'accueil. Selon le modèle d'acculturation de John Berry (2010), le contact de cultures entraîne des changements psychologiques au niveau individuel chez les membres des communautés migrantes. Ces individus peuvent choisir une attitude plutôt favorable à la culture d'accueil au détriment de leur culture d'origine, ce qui donne lieu à l'assimilation. Le résultat contraire naît du rejet de la culture et de la société d'accueil. Ce comportement peut s'avérer extrêmement dangereux pour la santé mentale du sujet migrant. C'est le cas du frère de la narratrice, qui retrouve et idéalise ses racines et son enfance au Laos à un moment compliqué de sa vie, puisqu'il sombrait à Cherbourg, où il passait son temps enfermé dans l'appartement familial, à jouer à des jeux vidéo et à fumer du cannabis. Sa sœur observe cette situation quand elle rend visite à sa famille : « Une fois par mois, je reviens. Je retourne dans cet appartement pétrifié où, avec un acharnement rectiligne, tu sombres » (Loo, 2019, p. 9).

Le changement se produit, effectivement, à Savannakhet. Là-bas, il réaffirme son déni des valeurs françaises et réalise que la vie qu'il mène en Normandie n'est pas sa vraie vie, puisque celle-ci était restée au Laos à l'âge de onze ans. Tout ce qui s'est passé loin de cet endroit, ce qu'il appelle la vie française, ce serait la vie d'une autre personne, une fiction qui aurait fini par le consumer : « Cette vie-là n'existait pas. C'était la vie d'un autre. Elle était excitante, prometteuse, mais elle n'était pas pour moi. Moi, c'était à Savannakhet que je devais vivre. Le reste, c'était de la fiction. [...] Voilà. La vie inventée, la vie française, je n'en ai pas voulu. Parce que j'aurais été incapable de la vivre » (Loo, 2019, p. 111).

Dans ce jeu de miroirs entre la vraie vie et la vie inventée, la langue joue un rôle décisif, car elle définit une partie importante de l'identité des individus appartenant à une communauté migrante. L'usage de la langue maternelle, son maintien ou son abandon, ainsi que les attitudes envers elle configurent la personnalité de la personne migrante dès qu'elle se trouve dans un contexte plurilingue. Nous pouvons le constater dans

L'Imprudence, par exemple, lorsque la narratrice est accusée par son frère de ne pas maîtriser la langue vietnamienne et de préférer s'exprimer en français, même dans le contexte familial ; cela l'amène à la traiter de Vietnamienne incomplète à plusieurs reprises tout au long du récit :

> — C'est facile de me mettre ça sur le dos. Ce qui s'est passé, c'est qu'au lieu de grandir ici, tu t'es imbibée d'habitudes françaises. Tu as perdu notre langue, tu n'as aucun souvenir de notre pays. Tu es une Vietnamienne incomplète.
> — Ça veut dire quoi, ça ?
> — Tu ne parles pas comme une vraie Vietnamienne. Tu ne te comportes pas comme il faudrait. Tu ne sais pas rester à ta place. (Loo, 2019, p. 46)

Loin de l'incomplétude de la sœur, le frère se prend pour un vrai Vietnamien, mais il ne s'en rendra compte que lors de ce retour à Savannakhet, puisque sa vie en France l'avait poussé à la dépression ; tandis qu'au pays natal il retrouve ses racines, qu'il doit s'exprimer nécessairement en vietnamien, la langue française étant la langue de l'autre, d'un *je* menteur, traître, qui doit cesser d'exister : « Quand je parle en français, je mens. Et quand je pense en français, je me travestis. Tu vois ? J'imite quelqu'un d'autre. J'imite le Français que j'aurais été si j'étais né en France, de parents français. Je fais semblant. Je ne sais plus ce que je pense. Et qui parle ? » (Loo, 2019, p. 45). La langue apprise en exil ne serait qu'un déguisement dont il faut se débarrasser afin de trouver sa vraie voix, celle qui exprime l'identité réelle.

La narratrice, quant à elle, vit son bilinguisme de manière asymétrique : « Je comprends les mots vietnamiens. Ils pénètrent mon cerveau encore plus loin qu'en français, instantanément. Mais, lorsque je veux former une phrase, ils filent comme des animaux sauvages » (Loo, 2019, p. 43). Elle a décidé de parler en français parce qu'elle aurait « un accent minable » (Loo, 2019, p. 43) en vietnamien. En raison de cette faible maîtrise de la langue familiale, ainsi que de l'enseignement reçu en français, elle décide de ne s'exprimer que dans la langue du pays d'accueil, ce qui déclenchera un processus de séparation entre elle et ses racines, qu'elle affrontera pendant ce séjour au Laos.

Au niveau de l'identité de groupe, après les deux semaines que la narratrice passe au pays natal et grâce aux discussions avec son frère et aux conversations avec son grand-père, la narratrice embrasse ses deux âmes, la française et la vietnamienne, amalgamées de manière inégale mais profonde dans son propre corps.

3. Retour et identité individuelle : une quête de soi à plusieurs niveaux

Si le sujet de la quête de l'identité est omniprésent dans *L'Imprudence*, sa dimension individuelle, c'est-à-dire ce qui configure l'être intime de la narratrice, occupera une grande partie de la narration. Pour notre héroïne, il est absolument nécessaire de savoir d'où elle vient et de quelle manière les racines et les souvenirs restés au Laos auraient laissé leur empreinte sur sa personnalité, en tant que personne migrante ou exilée, mais il sera aussi pertinent de comprendre comment ce côté social de l'identité aurait contribué à modeler son identité individuelle.

Dans le cas de certaines communautés migrantes, les traits physiques déterminent la première différence visible par rapport au groupe majoritaire de la population locale. L'immigration d'origine asiatique dans un pays européen occidental affronte des problèmes liés au racisme et aux stéréotypes du moment où un membre de cette communauté pose son pied dans la rue et constate que son visage ne correspond pas au standard autochtone. La réponse de la part de celle-ci peut venir en forme de discrimination ou, bien au contraire, d'exotisation du corps des membres de la minorité. La narratrice, ayant grandi dans la ville normande de Cherbourg, a dû faire face à ces regards avides d'exotisme, car, dans ses propres mots, son visage vietnamien déterminera une partie de son identité : « Tout se joue sur le visage. La vie se décide à partir de là. [...] C'est ainsi. Au premier regard, cela est prononcé. Je ne suis pas d'ici. Tout le monde le voit. Tout le monde le sait. Je sais que l'on sait » (Loo, 2019, p. 101).

Néanmoins, avoir un visage asiatique ne signifie pas que l'on sera automatiquement accepté par la communauté d'origine. Lors de son premier voyage au Laos, la narratrice avait dû faire face au surprenant sentiment d'étrangeté dans la ville où elle était née. Même si, cette fois-ci, son visage vietnamien aurait dû la protéger des regards inquisitifs des autres, elle n'arrive pas à se débarrasser de son allure de femme occidentale. On la prend pour une touriste et, pire encore, elle sent qu'elle trahit son pays d'origine :

J'avais dix-sept ans, je portais des Pataugas, un bermuda kaki et des tee-shirts bariolés. Les Laotiens et les Vietnamiens me prenaient pour une Japonaise et cela me désolait. Je rêvais d'un mimétisme parfait, d'une réintégration dans mon environnement natal. [...] Déception immense. Au milieu des natifs, je n'étais qu'une touriste, ou pire : une traîtresse déguisée en Occidentale. Je me sentais stupide et un peu vulgaire. (Loo, 2019, pp. 25–26)

La situation ne s'améliore pas lors de son deuxième séjour à Savannakhet, où elle continue à percevoir un sentiment de rejet et d'inacceptation : « Quoi que je fasse, le Laos, et avec lui l'Asie tout entière, me recrachait comme un corps étranger » (Loo, 2019, p. 26). La narratrice a beau faire des efforts pour qu'on l'accepte dans sa communauté d'origine, elle est incapable de pénétrer la couche d'hostilité des locaux. Cela confirme l'importance de trouver sa place dans le groupe, car « le *nous* précède le *je* [...]. Nous sommes toujours déjà membres de nos communautés d'appartenance » (Bessone, 2020, p. 58). Si son frère avait raison et si elle était toujours une Vietnamienne, pourquoi son allure et sa gestuelle disaient-elles le contraire ? Que faire pour que les regards curieux des autres deviennent bienveillants ?

Si ni la langue ni le visage ne suffisent à construire une Vietnamienne complète, alors que faudra-t-il que la protagoniste accomplisse pour y parvenir ? Dans ce jeu d'échos et de deuxième personne que constitue *L'Imprudence*, nous voulons souligner l'importance dans le récit d'un personnage secondaire, Thu. Il s'agit d'une jeune fille de Savannakhet, voisine de la maison familiale, du même âge que la narratrice et dont s'est occupée sa grand-mère pendant que les autres membres de la famille résidaient en France. À notre avis, c'est l'image de la narratrice reflétée dans le miroir de la pureté culturelle : tout ce qu'elle-même aurait pu ou dû être si elle était restée au Vietnam :

Dans mon vietnamien laborieux, je me présente à elle. Elle écoute avec une attention dont l'intensité est gentiment vexante. Je suis une étrangère, c'est indéniable. Mon visage n'a pas imprimé sa mémoire. Lorsque ses yeux se posent sur toi, de longues larmes aussitôt filent sur ses joues. Elle était à l'enterrement, hier. Wàipó était, en quelque sorte, sa grand-mère à elle aussi. J'ai l'impression de contempler une image inversée de moi-même, un reflet préservé de toute altération. (Loo, 2019, p. 41)

Malgré les problèmes de communication dus à la maîtrise du vietnamien, la narratrice et Thu parviennent à tisser un lien d'amitié. Loin d'être jalouse de la relation spéciale et complice que Thu et sa grand-mère avaient cultivée, l'héroïne du roman, « une enfant pervertie par l'exil » (Loo, 2019, p. 42), admire la simplicité de Thu, sa vie modeste, ses humbles vêtements. Un jour, pendant qu'elles parcourent les rues de Savannakhet sur un scooter, la narratrice réalise que cette fille aurait dû être elle, car Thu posséderait tous les traits qui font d'elle une Vietnamienne complète, selon la terminologie de son frère : « Je regarde ce corps fragile agrippé au guidon, perdu dans les palpitations de la robe. C'est moi. Ce devrait être moi. Cette fille sur ce scooter » (Loo, 2019, pp. 98–99).

Ce ne sera cependant pas possible. Dans le cas de notre narratrice-protagoniste, elle a vite compris, en grandissant, que le cadre de son éducation en tant que jeune fille vietnamienne en France était trop restreint pour contenir la pulsion qui domine son comportement tout au long du récit : le désir sexuel. Contrairement à ce que l'on attendrait d'une adolescente vietnamienne obéissante et vertueuse, elle découvre ce qu'elle appelle « l'odeur des garçons »[5] (Loo, 2019, p. 53) pendant sa puberté :

> Les interdits familiaux n'y pouvaient rien. Ma puberté française ne serait en rien semblable à la jeunesse laotienne et vertueuse de mes parents. L'odeur des garçons avait fait irruption dans ma vie. Nous arrivions à un âge où nous perdions nos peaux d'enfants. Les pulsions s'exhalaient en bouffées lourdes et agaçantes. Les autres filles étaient incommodées par ces aveux sans détour. Moi, j'aimais cela. C'était une des plus belles choses qu'il m'ait été donné de connaître. L'odeur, la merveilleuse odeur des garçons affamés. (Loo, 2019, p. 53)

Ce désir, qui est une transgression du cadre idéologique et culturel de son entourage, devient l'imprudence qui donne son titre au roman. Et l'imprudence se fait réelle quand la narratrice rencontre des hommes dans les rues de Paris ou quand elle se fait poursuivre par un expatrié étatsunien dans les rues de Savannakhet ; ce sont des actes de rébellion contre la moralité qui lui avait été imposée depuis son enfance. Tout au long du roman, la narratrice nous transmet ses pensées à propos de l'importance de la pulsion sexuelle dans la formation de l'identité individuelle, un aspect souvent négligé ou absent dans d'autres romans auto-fictionnels xénographiques.

Grâce à ce séjour chez ses grands-parents, elle découvre – ou croit avoir découvert – l'origine de son rapport envers le sexe, de sa « déviance » (Loo, 2019, p. 72) : ce serait l'héritage de son grand-père. Parmi les documents de sa grand-mère, la protagoniste trouve les lettres qu'une certaine Madeleine avait adressées à son grand-père, ce sont des missives d'amour

---

[5]   C'est aussi le titre d'un album de Loo Hui Phang et Frederik Peeters, *L'odeur des garçons affamés*, publié en 2016.

qui permettront que la petite-fille change le regard qu'elle portait jusqu'à ce moment-là sur cet homme mystérieux. Pendant que la narratrice et son grand-père partagent des cigarettes laotiennes sur la terrasse, elle apprendra qu'il avait été un séducteur, un bel homme qui plaisait aux femmes des colonisateurs français ; elle réalise que c'est de lui qu'elle a hérité son envie de séduction et de sexe :

> Mais, depuis toujours, une déviance me possède. L'anomalie de notre grand-père, étrangement, m'a contaminée. Dans mon placard, en marge des basiques vieux de plusieurs saisons, dorment des robes fatales, des talons italiens, des parures satinées, libérés à intervalles réguliers, comme autant de pulsions qui disent l'impatience de briller, de courir, de jouir. (Loo, 2019, p. 72)

La quête de soi en acceptant le désir qui jaillit du corps est, en réalité, une redécouverte de soi. Et c'est grâce à cette acceptation de sa personnalité, aussi transgressive soit-elle, que la narratrice-protagoniste peut débloquer, vers la fin du récit, un aspect de son être qu'elle-même ignorait : l'expression de ses sentiments. Elle se surprend à dire « tu me manques » (Loo, 2019, p. 125) à son amant Florent pendant une conversation au téléphone. Ces trois mots qui s'échappent de sa bouche, prononcés de manière inconsciente, « font sauter un barrage » (Loo, 2019, p. 125) et confirment le pouvoir transformateur du retour au pays natal dans le processus d'autoconnaissance : « Tu me manques, frère, mère, père, grand-père, Wàipó, tu me manques, l'enfance esquivée, le pays méconnu, tu me manques, le désir, la chaleur enfuie, Florent, l'homme dans la foule » (Loo, 2019, p. 125).

4. Conclusions

Le retour, ce temps « [qui] ne s'arrête pas à une date, c'est un temps subjectif de métabolisation durant lequel on revient autre, altéré » (Kémat, 2010, p. 39) fonctionne dans le roman *L'Imprudence* comme un agent transformateur qui déclenche l'acceptation de l'identité plurielle de la narratrice. À l'instar du philosophe Claude Romano (2020, p. 13) lorsqu'il affirme que « notre identité ne serait pas découverte, mais construite —et construite par nul autre que nous-mêmes » —, nous pouvons affirmer que retourner au Laos marquerait un tournant décisif dans ce processus d'autoconstruction de l'identité. Dans ce sens, Abdessadek (2012, p. 307) insiste sur le fait que « la migration ne peut s'envisager comme une équation opposant gains et perte », d'où le besoin de l'appréhender en tant que remaniement identitaire et non pas comme la victoire ou la défaite de l'une de deux – voire plusieurs – identités en contact.

Or *L'Imprudence* nous montre une double reconfiguration de l'identité. D'une part, la protagoniste réalise son imperfection en tant que fille, sœur et petite-fille, puisque sa personnalité s'est bâtie par contraste avec le modèle de « vraie Vietnamienne » (Loo, 2019, p. 85) qui règne dans sa famille mais, en même temps, elle embrasse sa position à mi-chemin entre la culture française et la culture vietnamienne. D'autre part, l'acceptation de son corps et de son désir sexuel comme étant des parties constituantes de son identité individuelle confirme que la quête de soi commence et finit dans les limites de sa peau. Cela explique qu'à la fin du roman, la narratrice expose sa plaidoirie en faveur d'une identité intime éloignée des archétypes, des pays et des nationalités, qui ne seraient que des espaces étrangers, appartenant à autrui :

> Il n'est plus question de pays ni de terre. Pas d'archétype non plus. Rien qui soit rattaché à quelque région, ville, place, maison. Dans les yeux de l'Américain, j'ai compris cela : le seul endroit sur terre dont je peux revendiquer l'appartenance est le périmètre de ma peau. C'est là le seul, le vrai lieu qui est mien. Et le désir qui le hante, l'appétit, la souveraine pulsion de vie me rappellent à chaque instant ses contours, ses reliefs, sa présence. (Loo, 2019, p. 140)

Elle suit la pensée de Chamoiseau et de Glissant (2008), quand ils proclamaient que nous n'appartenons pas en exclusivité à des « patries », à des « nations », et pas du tout à des « territoires », mais désormais à des « lieux », des intempéries linguistiques, des dieux libres qui ne réclament pas d'être adorés. Pour la narratrice, ce *lieu*, ce seul endroit qui lui appartiendrait serait son propre corps, peuplé de désirs, contenant une âme hybride. C'est là sa vraie patrie.

La quête de soi dans *L'Imprudence* finit donc par l'acceptation de notre corps, de nos limites et de notre incomplétude, car l'identité se révèle changeante et en construction. Si certains traits de notre identité nous sont imposés – la nationalité, l'apparence physique, l'orientation sexuelle ou la langue maternelle, par exemple –, d'autres caractéristiques seraient le résultat de choix plus ou moins libres, plus ou moins conscients. Dans *L'Imprudence*, la narratrice aurait fait le choix d'accepter son corps et son désir pour devenir soi-même. Rue des Écoles à Paris ou sur la rive du Mékong au Laos, photographe française exotique ou fille rebelle vietnamienne, cette « pulsion de vie » (Loo, 2019, p. 128) demeure sa seule certitude.

Références bibliographiques

Abdessadek, M., (2012). Identité et migration : le modèle des orientations identitaires. *L'Autre*, *13*(3), pp. 306–317.

Berry, J. (2010). Acculturation. When individuals and groups of different cultural backgrounds meet, in Perspectives on psychological science. *Psychological Science*, *5*(4), pp. 472–481.

Bessone, M. (2020). Les ruptures d'identité. Dans J. Birnbaum (dir.), *L'identité. Pour quoi faire ?* Paris : Gallimard, coll. « Folio Essais ».

Chamoiseau, P. et Glissant, É. (2008). *Quand les murs tombent : l'identité nationale hors-la-loi ?* Paris : Galaade.

Colonna, V. (1989). *L'autofiction : essai sur la fictionnalisation de soi en littérature*. Paris : Écoles des Hautes Études en Sciences Sociales.

Droux, A. (prod.) (2019). « L'Imprudence », *Vertigo*, 28 août 2019, RTS, Lausanne. https://www.rts.ch/audio-podcast/2018/audio/l-invitee-loo-hui-phang-l-imprudence-25070416.html

Kémat, F. (2010). De la mise en voyage au retour vers soi. *Le journal des psychologues*, 2010/5 (n°278), pp. 38–43.

Lebel, C. (2018). Le récit d'enfance : le motif du « retour » vers la terre d'enfance chez Gaël Faye et Scholastique Mukasonga. *Revue critique de fixxion française contemporaine*, *17*, pp. 100–116.

Lejeune, P. (1975 [2005]). *Le pacte autobiographique*. Paris : Le Seuil.

Loo, H.P. (2019). *L'Imprudence*. Paris : Actes Sud.

Mazeaud, E., Harf, A. et Baubet, T. (2015). Voyage retour des adoptés dans leur pays de naissance : une expérience singulière. *L'Information psychiatrique*, *91*(3), pp. 231–241.

Prix Senghor 2020 : Loo Hui Phang et Benoît Vitkine ex-aequo. *Actualitté. Les univers du livre*, 19 septembre 2020. https://actualitte.com/article/5576/prix-litteraires/prix-senghor-2020-loo-hui-phang-et-benoit-vitkine-ex-aequo

Romano, C. (2020). Être soi-même, une chimère ? Dans J. Birnbaum (dir.), *L'identité. Pour quoi faire ?* Paris : Gallimard, coll. « Folio Essais ».

Chapitre 9

Centre et périphérie dans *Pour que je m'aime encore*

ANA BELÉN SOTO
Université Autonome de Madrid

1. Présentation

Toute définition de l'autofiction passe par une critique de l'autobiographie. D'emblée, Serge Doubrovsky justifia son néologisme par la nécessité de dépasser le modèle rousseauiste dont Philippe Lejeune venait de cerner la spécificité pragmatique. Désuète, ronflante et illusionniste, l'autobiographie « classique » était disqualifiée par la découverte de l'inconscient. Il était temps que le sujet prenne acte de sa fictionnalité. Relisant *Les mots*, le narrateur du *Livre brisé* montre comment le récit d'enfance est « adultéré » par la démonstration dont il est le prétexte. Alain Robbe-Grillet, Raymond Federman, Philippe Forest poursuivront ce procès afin de distinguer leur écriture mémorielle du simple témoignage. Et Vincent Colonna prétendra couper l'autofiction de son affiliation avec l'autobiographie. Cette politique du soupçon ne va pas sans une constante vigilance autocritique dont Doubrovsky a donné l'exemple. En sens inverse, elle relance le débat sur la fonction de la littérature, en l'ouvrant aux lecteurs, aux journalistes, aux juges, aux historiens, aux sociologues. L'enjeu n'est pas seulement la légitimité de l'écriture autofictionnelle, mais aussi sa capacité à tenir un discours sur la société contemporaine. (Gasparini, 2011, p. 12)

Ces propos de Philippe Gasparini situés au seuil de notre analyse évoquent avec justesse l'évolution conceptuelle de ce néologisme. C'est en créant le concept d'autofiction que Doubrovsky rend visible le changement de paradigme qui se profile autour des genres autrefois stables et perçus jusqu'à l'époque comme immuables : l'autobiographie et le roman. L'autofiction entraîne, en effet, un bouleversement esthétique et littéraire qui permet de « distinguer la sensibilité moderne de la sensibilité classique » (Jeannelle et Viollet, 2007, p. 65) et remet en question la pertinence du pacte autobiographique (Lejeune, 1975) dans les écritures de l'intime. Autrement dit, si Lejeune s'était attaché à théoriser la production autobiographique sur une période allant des *Confessions* de Rousseau jusqu'en 1975, Doubrovsky crée le concept d'autofiction en 1975 (Grell, 2014) pour désigner l'évolution d'une pratique littéraire désormais inscrite dans l'extrême contemporain.

Le regain d'intérêt pour la dimension subjective du sujet et l'inconscient a motivé de nombreuses études théoriques abordant ce nouveau procédé. C'est alors dans ce contexte que l'autofiction « rompt également avec [...] sa fonction édifiante et ne met en scène ni des *héros* (le roman), ni *les importants de ce monde* (l'autobiographie) mais des êtres minuscules » (Grell, 2018, p. 135) qui évoquent leurs vécus au jour ou au soir de leurs vies. C'est pourquoi, pour Manuel Alberca (2017, p. 51), l'autofiction devient « una escritura permanente que hace entregas sucesivas de relatos fragmentados o temáticos de la propia vida ». Nous assistons ainsi à la promotion du sujet au premier rang des préoccupations littéraires et à une rupture du pacte de lecture, qui ne repose plus ni sur la véracité des événements romancés ni sur la notoriété du personnage autobiographié. Le recours à la quotidienneté et à la mise en récit d'histoires proches du lecteur s'est accompagné d'un succès florissant, dont témoignent par ailleurs les nombreux prix de renom qui sont décernés aux romans autofictionnels.

De même, la citation de Gasparini située en épigraphe de notre réflexion met en évidence la multiplication des travaux portant sur la théorisation de l'autofiction. Cette pratique littéraire devient alors un terrain à explorer tant au niveau théorique qu'au niveau pratique, et ce dès son origine. À titre d'exemple, notons que le terme d'autofiction est forgé au cœur d'un roman que Doubrovsky analysera par la suite. Nous assistons donc à une convergence remarquable entre la création littéraire et l'approche scientifique, entre la figure de l'écrivain et la figure du chercheur.

Rappelons à ce sujet que d'autres tentatives terminologiques ont surgi au cours des dernières décennies pour classer les écrits qui témoignent de cette brèche littéraire. À l'instar de Mar García (2009, p. 149), nous constatons que « l'usage inflationniste du terme a conduit [...] à la mise à l'écart d'autres néologismes qui, tout en désignant à l'origine des pratiques voisines, n'ont pas réussi à dépasser le stade expérimental ». García

(2009, p. 149) évoque « [la] "nouvelle autobiographique" (Robbe-Grillet), [le] "récit transpersonnel" (Annie Ernaux), [le] "mentir-vrai" (Aragon), [l']"oulipographie" (Roubaud), [...] [ou encore] [la] "biautographie" ». Des termes, en effet, dont l'accueil ne leur a pas été favorable.

Arrivés à ce stade de la réflexion, nous pourrions nous demander : quels seraient les aspects permettant l'incorporation d'un nouveau vocable dans le discours critique ? Loin d'avoir une réponse concrète, nous partageons l'avis de Gasparini (2008, p. 18) lorsqu'il remarque que la genèse terminologique du mot autofiction « insinue une origine [...] anglo-américaine [qui] est plus maniable et assimilable qu'un mot chargé de grec, un mot-valise ou une périphrase ». Il y existe toutefois un néologisme qui revêt à nos yeux un intérêt particulier, notamment lors de l'analyse des parcours romanesques d'écrivains qui, tout comme Maryam Madjidi, exposent des éclats de vie d'ici et d'ailleurs : l'endofiction.

Forgé par Crystel Pinçonnat en 2016, ce terme proche de l'autofiction se focalise sur la singularité littéraire des écrivains héritiers de l'immigration. Pinçonnat se penche principalement sur des romanciers algériens installés en France, mais la manière dont elle s'attache à décrire l'endofiction permet de penser ce concept sous une perspective globale, portant sur l'ensemble des xénographies francophones (Alfaro, 2013 ; Alfaro et Mangada, 2014 ; Alfaro, Sawas et Soto, 2020).

Pinçonnat (2016, p. 41) remarque que ce corpus littéraire utilise :

[Des] formes [qui] libèrent de tout pacte auctorial, de tout mirage d'authenticité, pour mettre en avant les effets de construction et d'invention de soi. [...] Les protagonistes de ces récits sont tous, [...] en raison de leurs origines, affublés, sur la scène française [...], d'un « marquage de type "racial" » qui tient soit à leur apparence physique soit à leur nom, caractéristiques communes avec leur créateur. Loin d'être secondaires, ces données jouent un rôle essentiel. Elles indiquent le principal enjeu de ces textes pour leur auteur : donner corps à un personnage, à travers lequel l'écrivain dispose d'une scène virtuelle pour montrer l'élaboration du sujet par lui-même, rejouer des moments et des scènes connus de lui et les manipuler à sa guise. Aussi, quel que soit le régime adopté, l'écriture met en scène le processus dynamique de constantes négociations tant linguistiques, comportementales que culturelles qui forge le sujet et, avec lui, son identité.

L'endofiction est ainsi construite sur la singularité inhérente aux récits de vies liées à l'immigration et qui relient « les membres d'une communauté éparse, pas tant pour en faire une communauté imaginée que pour s'offrir en héritage à un groupe déficitaire en matière de patrimoine sur le plan national » (Pinçonnat, 2016, p. 70). D'après Pinçonnat (2016, p. 103) :

> Il ne s'agit pas [...] d'ajouter un terme supplémentaire au vocabulaire critique déjà existant, mais bien de nommer ce récit qui infiltre et revisite des formes héritées de la tradition comme le récit d'enfance, le *Bildungsroman* ou le récit de vocation, pour narrer la conquête du pays d'accueil par le protagoniste, un personnage ancré dans le territoire national, son histoire et les forces qu'il met en jeu.

C'est une réflexion qui, inscrite dans la discipline littéraire, accorde une importance singulière au processus d'intégration de ces écrivains nés ou arrivés en France et vivant dans un milieu biculturel (Todorov, 1996, p. 26). Nous pourrions donc songer à y inscrire l'édifice romanesque madjidien. Cela dit, et compte tenu de la courte trajectoire analytique de l'endofiction, nous préférons pour l'instant circonscrire notre analyse à l'approche autofictionnelle pour parler aussi bien de la production madjidienne que de cette nouvelle géopoétique qui se dessine car, en effet, nous assistons à :

> La construction d'un champ littéraire transnational en Europe où le lecteur se transforme en spectateur d'une géo-graphie singulière de l'histoire de l'Europe. Nous constatons de même une transformation des genres traditionnels, des thèmes et de la texture linguistique où l'autofiction dessine la carte de l'existence. Le narrateur, d'après Milan Kundera, « n'est ni un historien, ni un prophète mais un explorateur de l'existence ». (Alfaro, 2013–2014, p. 1260)

De ce fait, née en Iran et arrivée en France à l'âge de six ans, Madjidi devient un exemple paradigmatique de ces écrivains qui contribuent par le moyen de l'autofiction à exposer les problèmes qui taraudent nos sociétés contemporaines. Dans son édifice romanesque, elle s'intéresse notamment aux défis conceptuels intrinsèques à la mobilité du point de vue ontologique et sous une perspective sociale et humaniste. De même, elle rend visibles les conséquences du déracinement linguistique et socioculturel dans le processus de construction identitaire. Ce constat nous invite à présenter dans un premier temps le parcours *bioromancé* de l'auteure dans l'objectif de mieux appréhender sa facette transnationale. Le parcours transfrontalier de Madjidi est aussi un itinéraire transclasse (Soto, 2022b).

C'est ainsi que nous ébaucherons par la suite le brassage terminologique inhérent au déplacement social. Se pencher sur le parcours transnational et transclasse que Madjidi dessine dans son univers narratif met en lumière la dichotomie géopoétique du centre et de la périphérie. C'est pourquoi,

Centre et périphérie dans Pour que je m'aime encore   157

avant d'exposer nos conclusions, nous nous focaliserons dans notre troisième volet d'étude sur ce binôme géopoétique dans l'objectif d'esquisser l'importance accordée à l'espace citadin dans *Pour que je m'aime encore*. En effet, l'auteure se sert de l'autofiction pour ébaucher la manière dont les limites spatiales se trouvent intimement liées aux limites sociales.

2. Portrait *bioromancé* de Maryam Madjidi

Née à Téhéran en 1980 au sein d'une famille militant contre le régime du Shah d'Iran, « la prison, les réunions clandestines et la mort se font écho [lors des] premières années de vie de cette jeune fille qui […] garde de bons souvenirs de cette période iranienne » (Soto, 2019, p. 410). C'est à travers *Marx et la poupée* (2017) que Madjidi retrace son parcours transfrontalier du point de vue transnational. L'auteure se focalise notamment sur trois intervalles spatio-temporels d'importance vitale dans son processus de construction identitaire qui symbolisent, d'ailleurs, les trois naissances qui articulent les trois sections de ce premier roman. C'est ainsi que la « Première naissance » correspond à ce temps passé en Iran et couvre la période allant de sa naissance biologique à ses six ans.

La « Deuxième naissance » s'articule autour de l'évolution identitaire d'une enfant qui, exilée en France, doit s'intégrer dans la société d'accueil. Madjidi met ainsi en récit la manière dont elle vit ce déménagement forcé et dont le départ représente un souvenir traumatique, marqué par les pleurs de cette jeune fille qui réalise que l'homme barbu qui prend le passeport de sa mère à l'aéroport (Madjidi, 2019, p. 47) veut faire échouer leur plan de rejoindre son père, exilé en France quelque temps auparavant. Le processus de déterritorialisation de cette fillette est ainsi associé à un trauma qui :

> Impacte tout un système psychique en construction. Demeurant inabouti et incompréhensible pour l'enfant, le trauma de l'adulte motive le retour sur ce passé troublé. […] L'écriture du trauma met de l'avant une volonté d'explorer les limites et les détours de l'entreprise autobiographique. Dans son travail scriptural de reconstruction de soi, chaque écrivaine organise, repense, révise, assemble et désassemble son histoire. (Dusaillant-Fernandes, 2020, p. 277)

C'est alors dans ce contexte que des phrases courtes jalonnent le récit de cette rupture qui repose sur un sentiment d'angoisse et de peur, car « la rupture, qu'on la choisisse ou qu'on la subisse, nous inflige une torsion psychique et physique insupportable, il nous faut supporter la déformation de notre identité, de notre existence » (Marin, 2019, p. 13). Maryam construit donc son socle identitaire sur une structure bipartite basée sur le refus : dans un premier temps, elle refuse d'adopter les habitudes et la langue françaises ; puis, lorsqu'elle accepte de s'intégrer dans son pays d'accueil, Maryam refuse les traits identitaires qui évoquent son étrangeté vis-à-vis de ses pairs français.

La « Troisième naissance » de ce roman protéiforme évoque le premier retour de la triade auteure-narratrice-protagoniste en Iran. Il s'agit d'un réveil où Madjidi remémore, d'une part, le goût pour l'exotisme qui lui permet de renouer avec son identité de naissance et, d'autre part, l'expression d'un sentiment d'étrangeté dans son propre pays d'origine. Cet épisode met en exergue la manière dont la personne « qui revient au pays [...] a perdu le pays qu'[elle] a quitté, est devenu[e] un[e] personne étrang[ère]. Son étrangeté se dédouble. Partir, c'est rompre deux fois, avec celui que l'on était et avec une certaine illusion, celle de se sentir à sa place quelque part » (Marin, 2019, p. 12). Ce retour aux origines s'avère être pourtant une source d'attirance, jusqu'au point qu'elle ne veut plus rentrer en France. Maryam se voit néanmoins forcée de quitter l'Iran, pour la deuxième fois, et d'accepter la complexité de son identité multiple.

Nous pouvons affirmer, par conséquent, que cette « enseignante de FLE à la Croix-Rouge et responsable d'enseigner le français aux mineurs non accompagnés qui arrivent en France » (Soto, 2022a, p. 74) esquisse dans son roman le rapport existant entre l'individu et son processus d'intégration sous une multiplicité de perspectives. De ce fait, Madjidi se sert de la toile de la narration exposée dans ce premier roman pour se lancer également dans l'écriture de deux contes pour enfants intitulés *Je m'appelle Maryam* (2019) et *Mon ami Zahra* (2021b). Il s'agit d'un travail de réécriture qui permet à l'auteure de s'adresser à un public jeune et de rendre visible un vécu partagé avec tant d'autres mineurs qui, tout comme elle, sont familiarisés avec le processus de déracinement et d'intégration en France. Si dans le premier conte c'est l'histoire de Maryam qui se situe à l'épicentre de la narration, dans le deuxième c'est l'histoire d'une autre fillette qui expose l'expression du sentiment d'étrangeté lors de l'enfance. L'auteure poursuit ainsi l'objectif d'« offrir aux enfants migrants des récits de vie où ils puissent se refléter, d'où ils puissent apprendre et auxquels ils puissent se référer en tant que modèle » (Soto, 2022a, p. 74). Et, en même temps, lire l'interculturel au cœur des xénographies francophones

Centre et périphérie dans Pour que je m'aime encore

propose aux familles monoculturelles d'autres récits de vie qui permettent de mieux comprendre la construction identitaire de l'Autre et l'expérience de l'Ailleurs. Madjidi propose donc un cadre novateur en matière d'innovation sociale qui permet d'illustrer des chemins de vie dans l'entre-deux au sein de nos sociétés actuelles. De même, ces lectures permettent de penser le construit sociétal sous le prisme de la tolérance, du respect et de l'inclusion.

L'année 2021 est également marquée par la parution de *Pour que je m'aime encore*, où Madjidi poursuit la quête existentielle entreprise dans son projet scriptural. Si dans *Marx et la poupée* l'auteure illustre son parcours transfrontalier du point de vue transnational et évoque son déclassement social lors de son arrivée en France, dans *Pour que je m'aime encore* Madjidi se focalise notamment sur son itinéraire transclasse. L'auteure se penche alors sur l'adolescence pour illustrer l'itinéraire vers l'âge adulte d'une jeune dont l'aspect physique représentait l'Autre, « les canons de la beauté persane » (Madjdi, 2021a, p. 28).

C'est dans ce contexte que Maryam arpente le parcours des combattants que son étrangeté évoque, non seulement du point de vue physique, mais aussi social. De ce fait, l'auteure articule son roman autour de huit sections intitulées et indexées comme suit :

    I. L'adversaire
   II. Les déshérités
  III. La lignée
  IV. Initiations
   V. Vainqueurs et vaincus
  VI. Le fief
 VII. La conquête
VIII. La désertion (Madjidi, 2021a, p. 5).

Les titres donnés aux différentes parties qui dressent le discours narratif se caractérisent par leur appartenance au champ lexical et sémantique de la guerre évoquant l'hostilité, le conflit et la bataille. L'auteure expose ainsi une sorte de « "corps à corps" avec les mots [qui] va [lui] permettre une possible élaboration du traumatisme à trois niveaux : personnel (narcissique, confiance en soi), intégration dans le groupe (resocialisation) et intellectuel (penser le trauma) » (Dusaillant-Fernandes, 2020, p. 19). Autrement dit, c'est à travers la pratique autofictionnelle que Madjidi « affronte la difficulté qui réside dans la distance entre le soi et l'événement traumatique, la double contrainte du besoin de dire et de se taire, la possibilité de maîtrise qu'implique l'écriture » (Dusaillant-Fernandes, 2020, p. 19).

Parler, en outre, de ce temps décrit par Proust comme « le seul temps où l'on ait appris quelque chose » (*apud* Madjidi, 2021a, p. 5) suggère de remémorer cette période vitale de découverte de soi et du monde, de formation et d'insurrection contre le système établi. Or c'est le ton de révolte qui prime dans un récit protéiforme écrit à deux voix où Madjidi imbrique la voix de l'adolescente qui grandit au fil des pages et la voix de la femme adulte qui exprime l'acceptation de son identité multiple.

De ce fait, nous pouvons affirmer que Madjidi représente un exemple paradigmatique des xénographies francophones, de ce corpus d'écrivains qui :

> Témoigne du surgissement d'un espace littéraire transnational qui rompt non seulement avec les canons traditionnels mais aussi avec des conceptions idéologiques enracinées dans des systèmes souvent obsolètes qu'elle se propose de mettre en perspective. Par l'écriture, il s'agit de présenter une nouvelle réalité qui se forge au sein même d'une société désormais plurielle et qui s'inscrit dans un monde global. Un nouveau paradigme se profile ainsi dans une perspective dynamique et transversale. Il s'agit d'une littérature ectopique [...], écrite hors lieu et caractérisée par la construction d'une identité personnelle en rapport avec un projet existentiel qui peut renvoyer à une notion plurielle de l'ailleurs. (Alfaro, Sawas et Soto, 2020, pp. 9–10)

Pour conclure ce parcours *bioromancé*, nous pouvons affirmer que l'apport littéraire de Madjidi « nous rend sensibles au fait que les autres sont très divers et que leurs valeurs s'écartent des nôtres » (Compagnon, 2007, p. 63). De même, l'auteure se penche sur les complexités inhérentes à la construction identitaire des individus aux appartenances multiples. De ce fait, nous constatons que Madjidi, à l'instar du corpus des xénographies francophones, met en exergue la manière dont la mosaïque littéraire, à travers l'imbrication d'un ensemble de procédés scripturaux, esquisse les problèmes les plus pressants de nos sociétés contemporaines.

3. Autour du concept de transclasse

L'itinéraire transfrontalier madjidien se trouve également marqué par la migration de classe. Si dans son pays d'origine Maryam habitait dans une maison avec jardin, son arrivée en France est marquée par l'expérience

Centre et périphérie dans Pour que je m'aime encore   161

du déclassement social. En effet, Madjidi (2017, p. 94) situe à l'incipit de sa « Deuxième naissance » l'arrivée dans un habitat inhospitalier :

> Nous sommes devant une grande porte en bois. Mon père dépose les valises, appuie sur un petit bouton et pousse la porte. Nous montons les marches [...].
>
> À chaque étage, il y a deux grandes portes, deux appartements. Elles sont très belles ces portes, brillantes, vernies, imposantes.
>
> [...] Nous montons encore et [...] je remarque que [...] passé le 4e étage, les portes deviennent moins belles, moins imposantes, les murs se fissurent [...] et au 5e étage, d'un coup, le tapis rouge disparaît. C'est comme une poudre magique qui ne ferait plus d'effet au fur et à mesure que nous montons, dévoilant une réalité laide, crue, laissant tomber son manteau de luxe.

L'appartement qui l'attend au 6e étage n'est qu'une studette de 15 m^2 située sous les combles, sans ascenseur et avec des toilettes communes sur le palier. Cette habitation aménagée en toute humilité devient alors le premier espace habité par cette fillette qui ne peut s'empêcher de comparer avec sa vie d'avant. Cette enfant vit alors un double processus de migration, géographique et de classe.

Parler de migration de classe dans les années 1980 oblige à penser aux travaux de Vincent de Gaujelac. C'est notamment dans son essai intitulé *La névrose de classe* que de Gaujelac se penche sur l'analyse des conséquences psychiques de ce type de déplacement ontologique. D'après de Gaujelac (2016, p. 33), les individus vivant l'expérience de la migration de classe développent un conflit intérieur « qui émerge au croisement de l'histoire personnelle, [...] familiale et [...] sociale ». La complexité du sujet abordé se trouve également reflétée dans la difficulté intrinsèque à la nominalisation de ce classement, et de Gaujelac n'y est pas étranger. De ce fait, lorsqu'il tente de justifier son option terminologique, il constate que l'association d'une notion clinique et une notion sociologique peut être polémique. C'est pourquoi de Gaujelac (2016, p. 6) explique que :

> Les classes ne sont pas névrosées, les névroses ne dépendent pas des classes sociales. Le terme de névrose en psychanalyse désigne un mode de structuration psychique, alors qu'il est utilisé ici pour décrire un tableau clinique. Le terme de « classe » pourrait laisser supposer que nous présentons une typologie des névroses selon les classes sociales (il faudrait alors mettre des « s » à névrose et à classe), ou qu'il définit les caractéristiques pathogènes des différentes classes sociales, ce qui n'est pas le cas. Nous l'avons pourtant conservé parce qu'il provoque un écho chez les personnes dont les conflits psychologiques sont liés à un déclassement.

Notons que ces propos se focalisent sur le déclassement social, perçu par ailleurs sous le prisme de la déchéance. Nous remarquons, en outre, que la dévalorisation intrinsèque à la dégradation sociale y est abordée sous l'optique des maladies mentales, ce qui convoque l'idée d'un sujet dérangé, affecté au niveau psychique et, par conséquent, inapte. De ce fait, nous pouvons affirmer que, même si elle a l'avantage de placer le sujet migrant de classe au cœur de la réflexion, cette approche projette un regard négatif sur ces individus visant à intégrer une nouvelle identité sociale.

La migration de classe peut également être abordée dans sa dimension ascensionnelle. Dans un premier temps, la notion utilisée pour désigner ces individus prenant l'ascenseur social était celle de transfuge de classe, mais nous tenions à signaler le surgissement d'un nouvel adjectif qui prétend dépouiller le regard porté sur ces individus en déplacement social des jugements de valeur : c'est transclasse. À l'instar de Chantal Jaquet (2014, p. 13), conceptrice du néologisme, nous constatons que :

> Quel que soit son sens, élévation ou chute, la mobilité sociale est souvent présentée de façon critique et péjorative. On traite ainsi de « parvenus » ceux qui ont quitté les classes sociales jugées inférieures et se sont « embourgeoisés », ou de « déclassés » ceux qui se sont prolétarisés et qui connaissent une déchéance par rapport à une situation sociale jugée supérieure. On les moque ou on les plaint, mais jamais sous un concept on ne les tient.

En effet, bien que le terme de transfuge ait été longuement utilisé pour définir le parcours transfrontalier d'écrivains de renom tels qu'Annie Ernaux et que certains écrivains tels que Rose-Marie Lagrave l'utilisent pour s'autodéfinir, Adrien Naselli dresse une définition qui inscrit cet adjectif dans un contexte de conflit. D'après Naselli (2021, p. 29), ce terme a deux acceptions :

> 1. Personne qui, en temps de guerre, d'hostilités, abandonne son armée, son pays pour passer à l'ennemi. *Synonyme.* Déserteur, traître. *Par extension, rare.* Personne qui fuit quelque chose. 2. *Par analogie.* Personne qui quitte un parti pour passer dans le parti adverse, qui renie, trahit un groupe, une cause. *Synonyme.* Dissident. B. – *Par extension.* [La notion de trahison est atténuée ou inexistante] Personne qui change de milieu, de situation.

Il convient toutefois de constater que, même si la définition de Naselli tient à dépouiller ce terme de l'idée de rabaissement et de suspicion, le regard porté par les *autochtones* de classe sur ces nouveaux arrivants est souvent empreint de soupçon et méfiance. Il s'agit, par conséquent, d'un concept qui met en avant la supériorité du regard dominant et traduit le sentiment d'illégitimité ressenti par les individus en déplacement social.

C'est alors dans ce contexte que Jaquet (2014, p. 13) s'attache à « donner une existence objective légitime à ceux qui ne reproduisent pas le destin de leur classe d'origine ». Pour ce faire, elle constate qu'« il convient donc de changer de langage et de produire un concept, en écartant les termes péjoratifs, métaphoriques ou normatifs » (Jaquet, 2014, p. 13). C'est pourquoi, d'après Jaquet (2014, p. 13–14) :

> Il paraît ainsi plus judicieux de parler de transclasse pour désigner l'individu qui opère le passage d'une classe à l'autre, en forgeant ce néologisme sur le modèle du mot transsexuel. Le préfixe « trans », ici, ne marque pas le dépassement ou l'élévation, mais le mouvement de transition, de passage de l'autre côté. Il est à prendre comme synonyme du mot latin *trans*, qui signifie « de l'autre côté », et décrit le transit entre les deux classes.

En outre, la philosophe française définit le processus de conception et de création terminologique comme suit :

> Le néologisme « transclasse » que j'ai forgé fait écho à celui de *class-passing* dans le monde anglo-saxon et présente l'avantage d'être axiologiquement neutre par rapport à celui de transfuge, de parvenu ou de déclassé, parce qu'il englobe toutes les figures de passage et de migration d'une classe à l'autre, sans préjuger de leur positivité ou de leur négativité. Il met à distance l'imaginaire vertical du haut et du bas en cessant d'appréhender le changement de classe uniquement en termes d'ascension ou de déclassement, d'élévation ou de chute, selon une logique de la réussite et de l'échec, pour le penser dans sa transversalité comme un fait social. Les transfuges désignent littéralement ces individus qui seuls ou en groupes, passent de l'autre côté, transitent d'une classe à l'autre, contre toute attente. (Jaquet et Bras, 2018, p. 13)

Le projet entrepris par Jaquet se situe ainsi au cœur d'une réflexion qui traverse les frontières des disciplines philosophique et littéraire pour s'inscrire dans une réflexion sociologique et sous une perspective globale. De ce fait, ce néologisme permet, à nos yeux, de penser le socle sociétal en termes d'inclusion, les relations interpersonnelles sous le prisme du respect et la création d'espaces d'innovation sociale qui soient favorables à tous, hommes et femmes, natifs et étrangers. Cette réflexion invite dès lors à penser des mesures institutionnelles, ainsi que des réformes éducatives et même politiques visant à créer un espace public où la littérature – et par conséquent les écrivains appartenant aux xénographies françaises et francophones – puisse s'affirmer comme une référence de choix.

Ce débat qui tend également à légitimer le parcours transfrontalier de ces individus en déplacement social met en lumière la dichotomie existante entre Soi et l'Autre, l'autochtone et l'allochtone, le centre et la périphérie. Il convient de rappeler à ce sujet les propos tenus par Adela Cortina (2017, p. 6) dans *Aporofobia, el rechazo al pobre. Un desafío para la democracia*, car elle y compare « la acogida entusiasta y hospitalaria con que se recibe a los extranjeros que vienen como turistas con el rechazo inmisericorde a la oleada de extranjeros pobres ». Nous pourrions établir en conséquence un parallèle entre ces individus en ascension sociale et ces touristes pauvres, car ils se sentent illégitimes aux yeux des Autres. D'après Cortina (2017, p. 14), cette exclusion n'est pas un :

> Sentimiento de *xenofobia*, porque lo que produce rechazo y aversión no es que vengan de fuera, que sean de otra raza o etnia, no molesta el extranjero por el hecho de serlo. *Molesta, eso sí, que sean pobres* […].
>
> Y es que es el pobre el que molesta, el sin recursos, el desamparado, el que parece que no puede aportar nada positivo al PIB […].
>
> Por eso no puede decirse que estos son casos de xenofobia. Son muestras palpables de aporofobia, de rechazo, aversión, temor y desprecio hacia el pobre, hacia el desamparado que, al menos en apariencia, no puede devolver nada bueno a cambio.

C'est alors en forgeant le néologisme d'*aporophobie* que Cortina met en exergue l'importance accordée à la classe et à l'aisance économique dans le processus d'intégration. Et même si Cortina se focalise notamment sur les questions migratoires du point de vue transnational, ce constat permet également d'enrichir les réflexions menées autour des individus en déplacement social, des inégalités et des questions inhérentes à la non-reproduction sociale (Peugny, 2013 ; Todd, 2020).

Abordé donc sous une multiplicité de perspectives, ce questionnement autour de la migration de classe n'est pas exclusif des autochtones. À titre d'exemple, nous pouvons citer aussi bien l'écrivaine franco-marocaine Nesrine Slaoui que l'auteure française Emmanuelle Richard, deux romancières qui réfléchissent sur « la hiérarchie des places [qui] classe et déclasse » (Marin, 2021, p. 11). À cet égard, Claire Marin (2021, p. 29) constate que :

Centre et périphérie dans Pour que je m'aime encore   165

Les places ne vont pas de soi. Ni celles des choses ni celles des personnes. Bien sûr, celles-ci ont souvent une place déjà définie, du moins théoriquement, par leur statut, leur fonction, leur relation avec moi. Le hasard de la naissance, les circonstances, le déterminisme social, tous ces éléments ont donné une place dans mon « monde » à ma sœur, mon supérieur hiérarchique, mes amis, mes voisins. Une place centrale et durable ou, au contraire, fragile, éphémère, accidentelle.

De ce fait, inscrire l'itinéraire transclasse dans le parcours romanesque oblige à réfléchir sur la place du sujet dans la société, dans le monde qui l'entoure. Les raisons intrinsèques au déplacement et à l'immobilité sociale sont multiples et personnelles, c'est pourquoi nous ne nous attarderons pas ici sur ce débat. Nous voulons en revanche conclure ce deuxième volet d'analyse sur une réflexion autour de l'intérêt que la mobilité sociale suscite aussi bien du point de vue des auteurs français que des xénographies francophones. En effet, les écrivains, d'ici ou d'ailleurs, appartenant à une même génération et vivant sur un même sol, établissent un dialogue entre ces deux strates autrefois étanches et témoignent de l'évolution du socle identitaire à travers le changement du paradigme littéraire.

Le deuxième roman de Madjidi en est également un bel exemple. C'est au fil de pages que l'auteure y expose le devenir identitaire d'une jeune femme, devenant adulte, qui refuse de rester dans la place qui lui a été octroyée par son héritage familial et le « spectre de l'exil » (Madjidi, 2021a, p. 69). Pour échapper à la « matrice drancéenne » (Madjidi, 2021a, p. 133), Maryam décide d'emprunter la « Voie royale » (Madjidi, 2021a, p. 166), car elle croyait que « grâce à l'école, le gros gâteau de l'élite républicaine, [elle] y avai[t] droit aussi et [elle] aurai[t] [s]a part un jour » (Madjidi, 2021a, p. 105). En revanche, elle réalise lors de sa rentrée au lycée Fénelon que la place accordée à l'école dans le parcours ascensionnel dépend aussi bien des efforts personnels mobilisés pour réussir que de son emplacement géographique. C'est ainsi que si « adolescente, [elle] croyai[t] […] en l'école républicaine, [elle] croyai[t] en la réussite par l'école, [elle] croyai[t] en l'égalité des chances et [elle] savai[t] que c'était elle qui [lui] permettrait de quitter un jour sa banlieue » (Madjidi, 2021a, p. 105), la déception provoque qu'elle élève le ton dans son discours à la fin du roman pour mettre en cause « l'illusion méritocratique » (Guilbaud, 2018). Maryam s'écrie : « On m'a menti en me faisant croire que j'avais ma place en hypokhâgne, je me suis menti à moi-même en croyant que la voie royale était la mienne. L'égalité des chances, l'école de la République, le gâteau de l'élite, c'était franchement indigeste » (Madjidi, 2021a, p. 199). C'est ainsi que, située à la croisée de deux mondes, Maryam abandonne les classes préparatoires pour s'inscrire en DEUG à l'Université. L'histoire de Maryam se termine ici, mais le vécu de l'auteure atteint cette réussite sociale qu'elle visait étant jeune. Nous remarquons cependant que son ancrage géographique à sa banlieue est empreint d'un sentiment paradoxal de refus et d'admiration, car si dans un premier temps elle refuse ses origines banlieusardes, l'auteure revient aux sources, du haut de ses quarante ans, pour s'y installer, pour y vivre, pour y « jeter l'ancre » (Madjidi, 2021a, p. 205).

4. *Pour que je m'aime encore* ou l'itinéraire géopoétique transclasse

> Il ne se passe rien ici.
> J'y ai vécu quinze ans. Il ne s'est jamais rien passé.
> J'y suis revenue y vivre. Et il ne se passe toujours rien.
> Tu es une ville peuplée de fantômes.
> Tu es une ville qui s'excuse d'exister.
> Allez la nuit sur le pont, regardez les trains passer,
> vous entendrez les fantômes crier. (Madjidi, 2021a, p. 9)

Situé en paratexte de l'édifice romanesque, ce poème met en exergue l'importance accordée à l'espace citadin, au mouvement et à la place de la première personne du singulier dans le roman objet d'étude. Dans un premier temps, il importe de s'attarder sur le recours à l'anaphore, car elle met en lumière le dialogue existant entre le *je*, représentant sujet parlant ; le *tu*, évoquant la ville ; et le lecteur, qui se trouve également invité à travers l'usage de la deuxième personne du pluriel dans le distique qui clôt la composition poétique. Il s'agit, par conséquent, d'un incipit qui interpelle le lecteur aussi bien par le poème et sa structure que par les images convoquées.

Il convient alors de noter la répétition du mot négatif *rien* accompagné du verbe *passer*, car Madjidi s'en sert pour reproduire l'immobilité circonscrite à cette ville qui, pour elle, est habitée de spectres criards, et dont l'intertextualité remémore au lecteur *Le Cri* de Munch. En effet, les âmes errantes désignées par l'auteure crient, tout comme la figure du tableau expressionniste symbolisant l'homme moderne emporté par une crise d'angoisse existentielle. De ce fait, le déchirement, ainsi que les sentiments d'angoisse, de peur, de douleur sont au cœur de la réflexion à travers une écriture poétique qui met en lumière l'importance accordée au sujet et à cette ville d'où l'on part et où l'on revient aussi bien du point de vue spatial qu'ontologique. C'est pourquoi l'auteure fixe la cosmogonie romanesque dans une ville qui cristallise la stagnation, alors que le sujet parlant est représenté par ce mouvement d'aller-retour suggéré par l'usage du verbe *revenir*, qui évoque, par ailleurs, le parcours transfrontalier de l'auteure elle-même.

Le diptyque auteure-poétesse trouve ainsi son écho chez un lecteur qui doit se déplacer d'un point A à un point B, jusqu'à cet espace interstitiel que le pont représente pour effectuer un mouvement passif, celui d'observer, et paradoxal, car le regard se focalise sur un objet en mouvement. Cette action permet au lecteur d'écouter les hurlements fantomatiques de tous ceux qui appartiennent à cet espace liminal que la périphérie citadine dessine.

Le train qui passe devient également un élément symbolique empreint d'intertextualité, se référant à la culture populaire. En effet, nombreuses sont les structures lexifigées qui évoquent ce moyen de transport, et le verbe qui met fin au dernier vers du quatrain précédent nous rappelle notamment le train-train quotidien et l'expression suivant laquelle le train ne passe qu'une fois dans la vie. L'allusion à la quotidienneté se trouve alors imbriquée à la notion de mobilité, aussi bien du point de vue spatial que social. De ce fait, la mobilité est ainsi envisagée comme une pratique qui « favorise une diversification de l'habitat sous forme polytopique, jouant un rôle essentiel dans l'identité et le rapport à l'altérité des personnes mobiles » (Frétigny, 2011, p. 110). C'est alors dans ce contexte que l'auteure se sert de ce poème paratextuel comme préambule d'un projet scriptural situé dans un espace exocanonique et témoignant de l'entre-deux.

La première référence à la ville habitée par la protagoniste situe le lecteur dans un espace indéfini, localisé à travers son rapport aux moyens de transport :

Je suis sortie de la maison, je suis allée au bout de la rue sauf qu'au lieu de tourner à gauche, j'ai tourné à droite et j'ai marché comme ça sans but une bonne demi-heure dans les rues. Je suis arrivée au terminal des bus et du métro de la ligne 5 et je me suis assise là sur un banc à regarder passer les bus, le 148 et le 146, le 234 et le 134. (Madjidi, 2021a, p. 15)

Puis, quelques lignes plus bas, l'auteure place le lecteur près de la station Pablo-Picasso. Le liseur connaissant la périphérie parisienne peut ainsi situer d'emblée cette ville qui devient protagoniste de cette poétique discursive. Le cas échéant, il doit attendre jusqu'à la page 62 pour lire le nom de Drancy pour la première fois dans la structure narrative sous la plume de la femme adulte. Écrites sous forme de journal intime et situées à l'excipit de chaque section romanesque, ces interventions mettent en lumière bon nombre d'aspects qui permettent au lecteur de découvrir cette cité située en banlieue francilienne.

Le parcours transfrontalier que Madjidi illustre dans ce deuxième roman s'inscrit donc dans un jeu de miroirs qui reflète les deux réalités qu'elle aspire à échapper et à conquérir à tour de rôle. Dans un premier temps, la ville de Drancy est décrite comme un espace hostile habité par des fous et d'autres personnages qui :

> Avaient, pour une raison que j'ignorais, vrillé, lâché les rênes du réel pour s'embarquer dans un monde opaque dont ils étaient les seuls à connaître les lois. Les rues monotones aux pavillons sagement alignés, la vie ralentie, les réverbères qui n'éclairent que des rues vides de piétons la nuit, les saisons qui défilent sans modifier la ville, les restos qui ferment tôt, les cafés sans vie à la déco surannée où ça sent le renfermé et la bière, l'immuable et le silence ou ce qu'on appelle le traumatisme de l'absence d'événements avaient façonnée jour après jour ces êtres bizarres. La matrice drancéenne avait enfanté ces fous. (Madjidi, 2021a, p. 133)

Ces propos mettent en exergue l'importance accordée à la répartition spatiale des groupes sociaux dans le construit géopoétique parisien. Il s'agit d'une réflexion dont l'intertextualité évoque les romans balzaciens qui mettaient en lumière « la polarisation entre la rive gauche pauvre où échouent les héros balzaciens fraîchement arrivés de province et les riches quartiers de l'Ouest et du Nord-ouest de Paris sur lesquels ils projettent leurs rêves de réussite » (Collot, 2014, p. 72). Cette structuration à la fois spatiale et sociale de la capitale française rend visible la catégorisation sociétale des espaces. Si dans les romans balzaciens l'espace se circonscrit à la ville de Paris, Madjidi met en récit l'évolution de l'ingénierie urbaine situant les espaces privilégiés au centre-ville et les milieux défavorisés dans la périphérie. Elle s'inscrit donc dans un habitat inhospitalier qui l'épeure (Madjidi, 2021a, p. 138). De ce fait, elle n'a d'autre issue que « la fuite, partir, s'arracher, lever l'ancre, se déraciner, déplacer le chez-soi ailleurs et lutter avec l'illusion d'être libre » (Madjidi, 2021a, p. 148).

Aux antipodes de cet espace inconfortable se trouve Paris, cette ville qui représentait pour Maryam « un autre monde, plus bruyant, vivant, brillant » (Madjidi, 2021a, p. 161). C'est en allant en boîte au centre-ville que Madjidi évoque le plaisir qu'elle éprouvait à imiter les Parisiens, cet Autre appartenant à la classe dominante. En effet, Maryam s'écrie : « Ce luxe nous plaisait beaucoup. On se prenait pour des dandys. […] Alanguis sur nos fauteuils, nous buvions des monacos comme si c'était de l'absinthe. On avait le sentiment d'accéder à un monde de privilégiés » (Madjidi, 2021a, p. 161). Dans cet objectif de se mimétiser avec cette autre strate sociale, Maryam arpentait les lieux emblématiques citadins pour « comment[er] le look des Parisiens et Parisiennes, [pour] chop[er] de nouvelles idées vestimentaires » (Madjidi, 2021a, p. 170) et fréquentait les restaurants et cafés les plus branchés. Puis, « sur le chemin de [s]on retour, [elle] avai[t] le sentiment de laisser un bout de [s]on rêve à chaque gare et de [s]'en éloigner » (Madjidi, 2021a, p. 170).

Il s'agit toutefois d'un sentiment paradoxal que Madjidi entretient avec la place qu'elle occupe, l'espace qu'elle habite. C'est pourquoi elle trace son parcours transfrontalier sur un mouvement circulaire évoquant un aller-retour, une distanciation et un rapprochement. De ce fait, elle affirme : « Je quitterai Drancy pour aller à Paris. Je quitterai Paris pour aller à Pékin. Je quitterai Pékin pour aller à Istanbul. Je quitterai Istanbul pour revenir à Paris. Je quitterai Paris pour revenir à Drancy. Ulysse est rentré. Entre le départ et l'arrivée, je n'ai fait que me fuir moi-même en croyant fuir l'ennemi » (Madjidi 2021a, p. 138). La cartographie géopoétique tracée au fil des pages imbrique donc l'espace physique et la place ontologique d'un territoire indissociablement géographique et culturel. La topographie littéraire évoquée par Madjidi est aussi empreinte de la subjectivité inhérente à la quête identitaire et de ce fait la vision qu'elle y reflète ne peut être que partielle. De même, nous constatons que l'auteure ne réduit pas l'espace habité au visible, car elle y dessine une vision panoramique qui illustre la cartographie de son existence. Ainsi, l'espace littéraire madjidien serait un ensemble de lieux à portée ontologique qui projette l'expérience fragmentaire de la mise en récit de l'expérience vécue.

4. Conclusion

En guise de conclusion, nous pouvons affirmer que le parcours romanesque ici ébauché s'inscrit dans un corpus littéraire pour qui :

> L'inversion du stigmate repose sur une réappropriation du passé afin de mettre un terme au clivage et de recoller les morceaux. [...] La tentative d'unifier sa complexion passe donc par la transformation du déchirement en intégration, au double sens du terme [...].
>
> Il s'agit là aussi de sortir du placard, de faire son *coming out*, d'afficher sa fierté : fierté d'appartenir au monde prolétarien, fierté de la réussite, qui prouve de quoi ses membres sont capables, fierté de venger son honneur bafoué et de restaurer sa dignité. Au lieu de se taire le transclasse se fait héraut des classes populaires, [...] la mémoire des muets de l'histoire. (Jacquet, 2014, p. 197)

Cela étant, la réflexion madjidienne ici esquissée traverse la frontière de l'intime pour mettre en lumière les écarts représentés par les espaces habités. Cette lecture nous permet, en effet, de penser la géopoétique de la ville en termes d'inclusion sociale et, par conséquent, de promouvoir un changement de perspective concernant le centre-ville et la périphérie. Il s'agit toutefois d'un défi à relever par les sociétés et les habitants, mais aussi du point de vue institutionnel. À cet égard, François Héran (2018, p. 74) se demande si la France « saura intégrer à son "récit national" les multiples interactions qui [...] mettent les migrations au cœur des sociétés et le feront toujours davantage ». Loin d'avoir une réponse concrète, nous nous permettons de parler et de faire parler des parcours transfrontaliers de ces romancières qui, tout comme Madjidi, explorent avec maîtrise le processus de construction identitaire des individus familiarisés avec le processus de déracinement culturel, linguistique et géographique de la migration sous un prisme féminin.

Références bibliographiques

Alberca, M. (2017). *La máscara o la vida. De la autoficción a la antificción.* Jaén : Pálido Fuego.

Alfaro, M. (2013). Xénographies francophones au féminin. Le double sentiment d'étrangeté-étrangéité dans l'œuvre de Chahdortt Djavann « Comment peut-on être Français ? ». *Çédille, revista de estudios franceses, 3*, pp. 13–27.

Alfaro, M. (2013–2014). La construction d'un espace géo-poétique francophone en Europe : l'expérience totalitaire et la représentation de l'exil. *Revista portuguesa de Literatura Comparada, 17–18*, II, pp. 1243–1260.

Alfaro, M. et Mangada, B. (2014). *Atlas literario intercultural. Xenografías femeninas en Europa.* Madrid : Calambur.

Alfaro, M., Sawas, S. et Soto, A. B. (2020). *Xénographies féminines dans l'Europe d'aujourd'hui.* Bruxelles : Peter Lang.

Collot, M. (2014). *Pour une géographie littéraire.* Paris : Corti.

Compagnon, A. (2007). *La littérature, pour quoi faire ?* Paris : Collège de France et Fayard.

Cortina, A. (2017). *Aporofobia, el rechazo al pobre. Un desafío para la democracia.* Madrid : Paidós.

Dusaillant-Fernandes, V. (2020). *Écrire les blessures de l'enfance.* New York : Peter Lang.

Frétigny, J.-B. (2011). Habiter la mobilité : le train comme terrain de réflexion. *L'Information géographique, 75*, pp. 110–124.

García, M. (2009). L'étiquette générique autofiction : us et coutumes. *Çédille, revista de estudios franceses, 5*, pp. 146–163.

Gasparini, P. (2008). *Autofiction. Une aventure du langage.* Paris : Le Seuil.

Gasparini, P. (2011). Autofiction *vs* autobiographie. *Tangence, 97*, pp. 11–24.

Gaujelac, V. de (2016). *La névrose de classe.* Paris : Petite Biblio Payot.

Grell, I. (2014). *L'autofiction.* Paris : Armand Colin.

Grell, I. (2018). *Pourquoi Doubrovsky ?* Paris : Le Bateau ivre.

Guilbaud, D. (2018). *L'illusion méritocratique.* Paris : Odile Jacob.

Jaquet, Ch. (2014). *Les transclasses ou la non-reproduction.* Paris : Presses universitaires de France.

Jaquet, Ch. et Bras, G. (2018). *La fabrique des transclasses.* Paris : Presses universitaires de France.

Jeannelle, J-L. et Viollet, C. (2007). *Genèse et autofiction.* Louvain-La-Neuve : Académia Bruylant.

Héran, F. (2018). *Migrations et sociétés.* Paris : Collège de France et Fayard.

Lejeune, P. (1975). *Le pacte autobiographique.* Paris : Le Seuil.

Madjidi, M. (2017). *Marx et la poupée.* Paris : Le Nouvel Attila.

Madjidi, M. (2019). *Je m'appelle Maryam.* Paris : L'école des loisirs.

Madjidi, M. (2021a). *Pour que je m'aime encore.* Paris : Le Nouvel Attila.

Madjidi, M. (2021b). *Mon ami Zahra.* Paris : L'école de loisirs.

Marin, M. (2019). *Rupture(s). Comment les ruptures nous transforment*. Paris : Éditions de l'Observatoire.

Marin, M. (2021). *Être à sa place. Habiter sa vie, habiter son corps*. Paris : Éditions de l'Observatoire.

Naselli, A. (2021). *Et tes parents, ils font quoi ? Enquête sur les transfuges de classe et leurs parents*. Paris : J.-C. Lattès.

Peugny, C. (2013). *Le destin au berceau. Inégalités et reproduction sociale*. Paris : Le Seuil.

Pinçonnat, C. (2016). *Endofiction et fable de soi. Écrire en héritier de l'immigration*. Paris : Garnier.

Soto, A. B. (2019). Le parcours identitaire au sein des xénographies francophones : Maryam Madjidi, un exemple franco-persan. *Çédille, revista de estudios franceses, 16*, pp. 407–426.

Soto, A. B. (2022a). Parcours transfrontalier de l'enfance : analyse comparée de trois ouvrages à portée autofictionnelle. *Çédille, revista de estudios franceses, 21*, pp. 61–85.

Soto, A. B. (2022b). Enjeux et défis de la mobilité sociale dans « Pour que je m'aime encore » de Maryam Madjidi. *Çédille, revista de estudios franceses, 22*, pp. 91–115.

Todd, E. (2020). *Les luttes de classes en France au XXIᵉ siècle*. Paris : Le Seuil.

Todorov, T. (1996). *L'homme dépaysé*. Paris : Le Seuil.

Notices bio-bibliographiques

Margarita Alfaro
Margarita Alfaro est professeure des Universités à l'Université Autonome de Madrid où elle enseigne la littérature française et les littératures francophones. Elle dirige le groupe de recherche ELITE (Étude des Littératures et Identités Transnationales en Europe, HUM F-065), dont les travaux portent sur la littérature interculturelle en Europe. Elle a codirigé le volume *Xénographies féminines dans l'Europe d'aujourd'hui* (Peter Lang, 2020) et le numéro monographique « Écrivaines interculturelles francophones en Europe : regards créatifs, voix inclusives » (*Çédille, revista de estudios franceses*, 2022, *22*).

Arzu Etensel
Arzu Etensel Ildem est professeure émérite de langue et littérature françaises au département de français de l'Université d'Ankara. Elle a travaillé sur la littérature des voyages, la littérature des Antilles, la littérature de l'émigration et le rapport entre la littérature et l'opéra. Elle a récemment publié des articles sur Fatou Diome, Léonora Miano, Molière et les sources littéraires de l'opéra *Don Giovanni* de Mozart. Elle participe aux travaux du Conseil international des études francophones.

Vassiliki Lalagianni
Vassiliki Lalagianni est professeure à l'Université du Péloponnèse, en Grèce. Publications : *Espace méditerranéen : écriture de l'exil, migrances et discours postcolonial* (avec Jean-Marc Moura, Rodopi, 2014), *Voyage et idéologie* (avec Margarita Alfaro et Ourania Polycandrioti, Éditions du Bourg, 2022). Domaines de recherche : l'écriture féminine, la littérature de voyage et les littératures de l'exil et de la migration.

Beatriz Mangada
Beatriz Mangada est professeure à l'Université Autonome de Madrid. Ses travaux portent sur les littératures francophones contemporaines. Elle est membre du groupe de recherche ELITE (Étude des Littératures et

Identités Transnationales en Europe, HUM F-065). Elle a codirigé avec M. Alfaro *Atlas literario intercultural. Xenografías femeninas en Europa* (Calambur, 2014) ; et plus récemment le numéro monographique « Écrivaines interculturelles francophones en Europe : regards créatifs, voix inclusives » (*Çédille, revista de estudios franceses*, 2022, *22*).

Vicente Montes

Vicente E. Montes Nogales est professeur à l'Université d'Oviedo. Il est l'auteur de *La memoria épica de Amadou Hampâté Bâ* (2015) et de *Literaturas orales africanas: de África occidental a España* (2020). Ses travaux de recherche portent principalement sur la littérature orale de l'Afrique occidentale et la littérature de migration.

Jean-Marc Moura

Jean-Marc Moura est professeur de littératures francophones et de littérature comparée à l'Université de Paris Nanterre et membre de l'Institut universitaire de France. Il est spécialiste des lettres francophones et postcoloniales, de l'exotisme littéraire et de l'humour en littérature. Derniers ouvrages codirigés : *Penser la différence culturelle du colonial au mondial* (avec Silvia Contarini, Claire Joubert, 2019) ; *L'Atlantique littéraire au féminin* (avec Chloé Chaudet, Stefania Cubeddu-Proux, 2021) ; *Écrire la différence culturelle du colonial au mondial* (avec Silvia Contarini, 2022).

Diego Muñoz

Diego Muñoz Carrobles est professeur de français et de traduction à l'Université d'Alcalá. Il appartient au groupe de recherche ELITE (Étude des Littératures et Identités Transnationales en Europe, HUM F-065). Il s'intéresse à la représentation de l'identité hybride et plurilingue chez des autrices francophones migrantes, sujet sur lequel il a publié plusieurs articles scientifiques et chapitres d'ouvrages collectifs.

Maria Spiridopoulou

Maria Spiridopoulou est professeure assistante de littérature française au Département de Langue et Littérature Françaises de l'Université nationale et capodistrienne d'Athènes. Ses intérêts et ses travaux portent sur l'écriture de femmes dans la littérature francophone, sur les écrivaines surréalistes et la littérature européenne. Elle est auteure de *L'œuvre et le fonds littéraire de Gisèle Prassinos* (2018) et co-auteure de l'*Histoire du* *théâtre européen de la Renaissance au XVIIIe siècle* (2015) et *Théorie et histoire des genres littéraires de l'Antiquité au XXe siècle* (2015).

Ana Belén Soto

Ana Belén Soto est professeure à l'Université Autonome de Madrid où elle enseigne la littérature française et francophone, le FLE et la Didactique du FLE. Elle est membre du groupe de recherche ELITE (Étude des Littératures et Identités Transnationales en Europe, HUM F-065). Elle a publié bon nombre d'articles scientifiques portant sur la projection littéraire de soi au sein des xénographies féminines dans l'Europe d'aujourd'hui. À titre d'exemple il convient de signaler qu'elle a codirigé le volume *Xénographies féminines dans l'Europe d'aujourd'hui* (Peter Lang, 2020).

Dans la collection

N° 61 – Margarita Alfaro, Beatriz Mangada et Ana Belén Soto (dir.), *Littérature interculturelle en Europe. Nouvelles perspectives : migration, écriture féminine et autofiction*, 2024, ISBN 978-2-87574-910-9, série « Europes ».

N° 60 – Paul Dirkx (Dir.), *Le corps de l'écrivain. Écritures et antinomie dans les littératures de langue « française » (1940-2000)*, 2024, ISBN 978-2-87574-676-4, série « Théorie ».

N° 59 – Daniel Canda Kishala, *Maryse Condé. Ironies, contextes et énonciations*, 2024, ISBN 978-2-87574-944-4, série « Amériques ».

N° 58 – María Carmen Molina Romero (Dir.), *Écrivaines camerounaises de langue française. Voix / voies de transmission*, 2023, ISBN 978-287574-811-9, série « Afriques ».

N° 57 – Isabelle Moreels et Renata Bizek-Tatara (Dir.), *Du fantastique à ses subversions dans la littérature belge francophone*, 2023, ISBN 978-287574-661-0, série « Europes ».

N° 56 – Marc Quaghebeur, *Histoire, Forme et Sens en Littérature. La Belgique francophone – Tome 3 : L'Évitement (1945–1970)*, 2022, ISBN 978-2-87574-727-3, série « Théorie ».

N° 55 – Cristina Robalo Cordeiro et Marc Quaghebeur (Dir.), *Oser la langue*, 2022, ISBN 978-2-87574-590-3, série « Théorie ».

N° 54 – Anne Schneider, Magali Jeannin, Yann Calvet et Marie Cleren (Dir.), *Écritures contemporaines de la migration*. Frontières, passages, errances, tragiques, 2023, ISBN 978- 2-87574515-6, série « Théorie ».

N° 53 – Papa Samba Diop (Dir.), *Sami Tchak. Les voies d'un renouveau*, 2022, ISBN 978-2-8076-1896-1, série « Afriques ».

N° 52 – Marc Quaghebeur (dir.), *Résilience et Modernité dans les Littératures Francophones. (Tomes 1 et 2)*, 2021, ISBN 978-2-8076-1759-9, série « Théorie ».

N° 51 – María Carmen Molina Romero et Montserrat Serrano Mañes (dir.), *La Langue qu'elles habitent. Écritures de femmes, frontières, territoires*, 2020, ISBN 978-2-8076-1551-9, série « Europes ».

N° 50 – Bernadette Desorbay, *Dany Laferrière. La vie à l'œuvre*. Suivi d'un entretien avec l'auteur, 2020, ISBN 978-2-8076-1692-9, série « Amériques ».

N° 49 – Benedetta de Bonis, *Métamorphoses de l' image des Tartares dans la littérature européenne du XXe siècle*, 2020, ISBN 978-2-8076-1404-8, série « Europes ».

N° 48 – Marc Quaghebeur (dir.), *Écritures de femmes en Belgique francophone après 1945*, 2019, ISBN 978-2-8076-1323-2, série « Europes ».

N° 47 – Marc Quaghebeur (dir.), *Sagesse et Résistance dans les littératures francophones*, 2018, ISBN 978-2-8076-0927-3, série « Théorie ».

N° 46 – Leonor Lourenço de Abreu et Ana Maria Bicalho (dir.), *Reconstructions du Brésil dans les imaginaires littéraires français et francophones*, 2018, ISBN 978-2-8076-1000-2, série « Amériques ».

N° 45 – Marc Quaghebeur, *Histoire, Forme et Sens en Littérature. La Belgique francophone. Tome 2 : L' Ébranlement (1914-1944)*, 2017, ISBN 978-28076-0457-5, série « Théorie ».

N° 44 – Flora Amabiamina, *Femmes, parole et espace public au Cameroun. Analyse de textes des littératures écrite et populaire*, 2017, ISBN 978-2-8076-0368-4, série « Afriques ».

N° 43 – Jean de Dieu Itsieki Putu Basey, *De la mémoire de l'Histoire à la refonte des encyclopédies. Hubert Aquin, Henry Bauchau, Rachid Boudjedra, Driss Chraïbi et Ahmadou Kourouma*, 2017, ISBN 9782-8076-03790, série « Théorie ».

N° 42 – Jean-François Caparroy, *Poésie francophone de Louisiane à la fin du XXe siècle. Complexité linguistique et clandestinité dans les œuvres de Jean Arceneaux, David Cheramie et Déborah Clifton*, 2016, ISBN 978-28076-0080-5, série « Amériques ».

N° 41 – Marc Quaghebeur et Judyta Zbierska-Moscicka (dir.), *Entre belgitude et Postmodernité. Textes, thèmes et styles*, 2015, ISBN 9782-87574-0144, série « Théorie ».

N° 40 – Marc Quaghebeur (dir.), *Histoire, Forme et Sens en Littérature. La Belgique francophone. Tome 1 : L'Engendrement (1815-1914)*, 2015, ISBN 978-2-87574-276-6, série « Théorie ».

N° 39 – Dominique Ninanne, *L' éclosion d'une parole de théâtre. L'œuvre de Michèle Fabien, des origines à 1985*, 2014, ISBN 978-2-87574211-7, série « Europes ».

N° 38 – Isabelle Moreels, *Jean Muno. La subversion souriante de l' ironie*, 2015, ISBN 978-2-87574-199-8, série « Europes ».

N° 37 – Juvénal Ngorwanubusa, *Le regard étranger. L'image du Burundi dans les littératures belge et française*, 2014, ISBN 978-2-87574162-2, série « Afriques ».

N° 36 – Marc Quaghebeur (dir.), *Les Sagas dans les littératures francophones et lusophones au XXe siècle*, 2013, ISBN 978-2-87574-110-3, série « Théorie ».

N° 35 – Kasereka Kavwahirehi, *Le prix de l'impasse. Christianisme africain et imaginaires politiques*, 2013, ISBN 978-2-87574-104-2, série « Afriques ».

N° 34 – Ana Paula Coutinho, Maria de Fátima Outeirinho et José Domingues de Almeida (dir.), *Nos et leurs Afriques. Constructions littéraires des identités africaines cinquante ans après les décolonisations / Áfricas de uns e de outros. Construções literárias das identidades africanas cinquenta anos após as descolonizações*, 2014, ISBN 978-287574-218-6, série « Afriques ».

N° 33 – Marc Quaghebeur (dir.), *Francophonies d'Europe, du Maghreb et du Machrek. Littératures & libertés*, 2013, ISBN 978-2-87574096-0, série « Théorie ».

N° 32 – Olivier Dard, Étienne Deschamps et Geneviève Duchenne (dir.), *Raymond De Becker (1912-1969). Itinéraire et facettes d'un intellectuel réprouvé*, 2013, ISBN 978-2-87574-097-7, série « Europes ».

N° 31 – Marc Quaghebeur (dir.), *Violence et Vérité dans les littératures francophones*, 2013, ISBN 978-2-87574-089-2, série « Théorie ».

N° 30 – José Domingues de Almeida, *De la belgitude à la belgité. Un débat qui fit date*, 2013, ISBN 978-2-87574-082-3, série « Théorie ».

N° 29 – Jean-Christophe Delmeule, *Les mots sans sépulture. L'écriture de Raharimanana*, 2013, ISBN 978-2-87574-070-0, série « Afriques ».

N° 28 – Samir Marzouki (dir.), *Littérature et jeu: des enjeux essentiels*, 2013, ISBN 978- 287574039-7, série « Théorie ».

N° 27 – Maria Clara Pellegrini, *Le théâtre mauricien de langue française. Du XVIIIe siècle au XXe siècle*, 2013, ISBN 978-90-5201-036-6, série « Afriques ».

N° 26 – Alexandre Dessingué, *Le polyphonisme du roman. Lecture bakhtinienne de Simenon*, 2012, ISBN 978-90-5201-844-7, série « Europes ».

N° 25 – Cécile Kovacshazy et Christiane Solte-Gresser (dir.), *Relire Madeleine Bourdouxhe. Regards croisés sur son œuvre littéraire*, 2011, ISBN 97890-5201-794-5, série « Europes ».

N° 24 – Emilia Surmonte, *Antigone, la Sphinx d'Henry Bauchau. Les enjeux d'une création*, 2011, ISBN 978-90-5201-773-0, série « Europes ».

N° 23 – Émilienne Akonga Edumbe, *De la déchirure à la réhabilitation. L'itinéraire d'Henry Bauchau*, 2012, ISBN 978-90- 5201771-6, série « Afriques ».

N° 22 – Claude Millet, *La circonstance lyrique*, 2012, ISBN 978-905201-7594, série « Théorie ».

N° 21 – Jean-Pierre De Rycke, *Africanisme et modernisme. La peinture et la photographie d' inspiration coloniale en Afrique centrale (1920-1940)*, 2010, ISBN 978-90-5201-687-0, série « Afriques ».

N° 20 – Valentina Bianchi, *Nougé et Magritte. Les Objets bouleversants*, 2015, ISBN 978-28-7574-242-1, série « Europes ».

N° 19 – Geneviève Michel, *Paul Nougé. La poésie au cœur de la révolution*, 2011, ISBN 978-90-5201-618-4, série « Europes ».

N° 18 – Kasereka Kavwahirehi, *L'Afrique, entre passé et futur. L'urgence d'un choix public de l' intelligence*, 2009, ISBN 978-90-5201-5668, série « Afriques ».

N° 17 – Geneviève Hauzeur, *André Baillon. Inventer l'Autre. Mise en scène du sujet et stratégies de l' écrit*, 2009, ISBN 978-90-5201-540-8, série « Europes ».

N° 16 – Marc Quaghebeur (dir.), *Analyse et enseignement des littératures francophones. Tentatives, réticences, responsabilités*, 2008, ISBN 97890-5201478-4, série « Théorie ».

N° 15 – Annamaria Laserra, Nicole Leclercq et Marc Quaghebeur (dir.), *Mémoires et Antimémoires littéraires au XXe siècle. La Première Guerre mondiale*, 2008, ISBN 978-90-5201-470-8, série « Théorie ».

N° 14 – Bernadette Desorbay, *L'excédent de la formation romanesque. L'emprise du Mot sur le Moi à l'exemple de Pierre Mertens*, 2008, ISBN 978-905201-381-7, série « Europes ».

N° 13 – Marc Quaghebeur (dir.), *Les Villes du Symbolisme*, 2007, ISBN 97890-5201-350-3, série « Europes ».

N° 12 – Agnese Silvestri, *René Kalisky, une poétique de la répétition*, 2006, ISBN 978-90-5201-342-8, série « Europes ».

N° 11 – Giuliva Milò, *Lecture et pratique de l'Histoire dans l'œuvre d'Assia Djebar*, 2007, ISBN 978-90-5201-328-2, série « Afriques ».

N° 10 – Beïda Chikhi et Marc Quaghebeur (dir.), *Les Écrivains franco-phones interprètes de l'Histoire. Entre filiation et dissidence*, 2006 (2e tirage 2007), ISBN 978-90-5201-362-6, série « Théorie ».

N° 9 – Yves Bridel, Beïda Chikhi, François-Xavier Cuche et Marc Qua-ghebeur (dir.), *L'Europe et les Francophonies. Langue, littérature, histoire, image*, 2006 (2e tirage 2007), ISBN 978-90- 5201-376-3, série « Théorie ».

N° 8 – Lisbeth Verstraete-Hansen, *Littérature et engagements en Belgique francophone*. Tendances littéraires progressistes 1945-1972, 2006, ISBN 978-90-5201-075-5, série « Europes ».

N° 7 – Annamaria Laserra (dir.), *Histoire, mémoire, identité dans la lit-térature non fictionnelle. L'exemple belge*, 2005, ISBN 978-90-5201298-8, série « Théorie ».

N° 6 – Muriel Lazzarini-Dossin (dir.), *Théâtre, tragique et modernité en Europe (XIX et XXe siècles)*, 2004 (2e tirage 2006), ISBN 978-905201271-1, série « Théorie ».

N° 5 – Reine Meylaerts, *L'aventure flamande de la* Revue Belge. Langues, littératures et cultures dans l'entre-deux-guerres, 2004, ISBN 978-90-5201-219-3, série « Europes ».

N° 4 – Sophie de Schaepdrijver, *La Belgique et la Première Guerre mon-diale*, 2004 (3e tirage 2006), ISBN 978-90-5201-215-5, série « Europes ».

N° 3 – Bérengère Deprez, *Marguerite Yourcenar. Écriture, maternité, démiurgie*, 2003 (2e tirage 2005), ISBN 978-90-5201-220-9, série « Europes ».

N° 2 – Marc Quaghebeur et Laurent Rossion (dir.), *Entre aventures, syl-logismes et confessions. Belgique, Roumanie, Suisse*, 2003 (2e tirage 2006), ISBN 978-90-5201-209-4, série « Europes ».

N° 1 – Jean-Pierre Bertrand et Lise Gauvin (dir.), *Littératures mineures en langue majeure. Québec / Wallonie-Bruxelles*, 2003, ISBN 978905201-192-9, série « Théorie ».

Made in United States
North Haven, CT
03 December 2024